「空気を読むを科学する研究所」代表
FACS（Facial Action Coding System）認定コーダー
清水建二

「顔」と「しぐさ」で相手を見抜く

To See Through an Opponents Looks and Gestures

フォレスト出版

はじめに

本当の「本当」はどこにあるのか？

「おねがい、男のひとにつれさられてるの、たすけて」

この一通のメールが全ての始まりでした。

このメールが彼女から受け取る私宛の「最後のメッセージ」となるとはこの時、知る由もありませんでした。

私の女友達が「誘拐」されたのです。

私はすぐさま警察に連絡し、警察の捜査に積極的に協力しました。警察で彼女のことを話していると、突然「誘拐犯」が彼女の携帯を通じて私にコンタクトを取ってきました。

「某所の○○の電話ボックスに××円を一人で持って来い。彼女を返す」

あ、彼女の携帯が誘拐犯に見つかってしまったのか！

頼みの綱が……。

私はこのとき、最悪の事態を想定していました。

彼女が私に助けを求めていたとき、彼女は「犯人」に隠れて携帯で助けを求めていたことを知っていたからです。

隠れて助けを求めていた彼女に危害は加えられていないだろうか……。

もう彼女は帰ってこないのではないか……。

しかし、何もしないで心配し続けているわけにもいきません。

用意した身代金を持って某所へ行きました。

不幸中の幸い、まだ私がこのことを警察に通報していることは「犯人」は知りません。身代金の受け渡し場所には、たくさんの私服警察官が張り込んでいます。都会の喧騒の中、どこから現れるとも知らない「犯人」と彼女を待ち続けました。

約束の時間になっても「犯人」は現れません。焦る私。緊張が続く数十名の私服警察官。その後何度も身代金受け渡し場所が変更され、身も心も翻弄される中、ついに捜索中の捜査員が「犯人」を確保しました。

そこで、驚愕の事実が判明します。

誘拐犯は彼女自身だったのです。

警察の話では、彼女が自ら自作自演し、狂言誘拐を企て、私から身代金を奪おうとしていたようでした。さらに驚いたことに、彼女が私に語っていた名前、年齢、職業全てがウソであったことが取り調べで明らかとなりました。

「私が彼女と過ごした日々は何だったのか」

これまでの出来事全ては、このウソのための設定作りだったのか。この事件は私の心に大きな影を落としました。

この日を境に人間の「本当」を解明する営為に人生をかける日々が始まりました。後に様々な学問分野を探し求めるうちに、人間の真実の姿をとらえる科学に出会い、没頭することになったのです。

本書は、私が人間を理解しようと、あらゆる学問に手を出した結果、到達した現時点での最新の科学的観察法および質問法についての実用書です。

衝撃的な体験から出発した人間を理解する私の探求は、当初は「ウソ検知」がメインテーマでした。しかし、人を理解する人間科学について学べば学ぶほど……

「これはウソを見抜くためだけに使えるスキルではない。他者の本音を察することで人を深く理解でき、人との関わり方を劇的に変えるためのスキルとなる」

こう考えるようになりました。

□接客で顧客の興味ポイントがわかれば、顧客に必要な情報を届けることが出来る。
□プレゼンで聞き手が理解していない瞬間がわかれば、丁寧に説明すべきポイントが見える。
□採用面接で応募者の言動が一致していないことに気付けば、その理由を問える。
□交渉・商談で相手の望む結果がわかれば、ｗｉｎ－ｗｉｎの方法が考えられる。
□職場で元気なフリをしている人に気付ければ、その人を気にかけることが出来る。
□ウソをついているかも知れない人に対峙しても、その人を深く理解することで、ウソをついているのか記憶が曖昧なだけなのかわかる。

本書ではこうした、人を理解する人間科学に関するこれまでの私の思索を余すことなく公開しています。学問的な知見を下地に、ビジネスや日常の一コマで経験するようなリアルで活き活きとした事例や、私の体験を織り交ぜながら紹介しています。

人間科学が織りなす多彩な感情世界の彩りを楽しく、そして読者の皆さんの感情経験とも照らし合わせながら読んで頂けると幸いです。

※冒頭に挙げた事件に関しては事件関係者が特定されないように事実が大きく変わらない程度に変更を加えています。

CONTENTS

CONTENTS

第2章 いつでも、どこでも、誰にでも表れる万国共通な表情

CONTENTS

第4章 相手の「声」から本音を見抜く

第5章

相手を見抜く「質問力」

EXERCISE

質問から真実をあぶりだす練習問題

CONTENTS

装丁 重原 隆
本文デザイン 高橋 明香（おかっぱ製作所）
イラスト コットンズ
DTP キャップス
校正 広瀬 泉

C H A P T E R 1

第1章

一瞬の「反応」から相手を見抜く

みなさんは**微表情**という言葉を聞いたことがありますか?

日本ではFOXチャンネルで**『ライ・トゥ・ミー 嘘は真実を語る』**というタイトルで2010年頃から放送をしていたので、そこで微表情という言葉を知った方もいるかもしれません。

『ライ・トゥー・ミー』とは、微表情を読みとるエキスパートである主人公のカル・ライトマン博士が、犯罪容疑者の微表情を次々と読みとり、事件を解決に導いていくヒューマンドラマです。

実はこのドラマの内容は、**実在するアメリカの心理学者ポール・エクマン博士の研究**に基づき制作されています。

ところで、この微表情とはどんな現象で、どんな経緯で生み出された学問なのでしょうか?

微表情とは、

抑制された感情が無意識の内にフラッシュのごとく現れては消え去る微細な顔の動きのこと

を言います。

1960年代にハガードとアイザックという研究者によって発見され、前述のポール・エクマン博士によって実用化された概念です。

ハガードとアイザック両博士が、診断中のセラピストと患者とのやり取りの録画映像を分析していたときのことです。その映像は、**自殺願望のあった入院患者から自殺願望がなくなっているかどうか**を診断している場面を記録したものでした。

一見、何でもない患者の表情が映し出されているのですが、映像をコンマごとに区切って分析すると**一瞬だけ苦悩の表情が漏れ出ている様子が見てとれたのです。**同じような自殺願望者の観察研究でエクマン博士も同様の現象を見いだし、この瞬間的な表情変化の謎を解明すべく研究がスタートしました。

エクマン博士はこの微表情研究に人生を捧《ささ》げることになります。**エクマン博士の微表情研究の背景には、エクマン博士の母親の自殺が関連しています。エクマン博士の母親は博士が14歳のときに自殺をしていたのです。**

「もし表情の変化から自殺の徴候をつかむことができれば、同じような悲劇を防ぐことができるのではないか」

そんな博士の想《おも》いから微表情という学問が確立していきました。

このようにしてスタートされた微表情研究は、エクマン博士の精力的な研究により、精神医学分野だけでなく、ウソ検知研究やマーケティング・交渉研究などのビジネス関連の研究でも応用されていきます。

現在、人の本当の感情を理解するためサポートツールとして医師や警察官、ビジネスマンに実用化されています。さらに近年、微表情を自動的に検知するカメラも開発され、セキュリティー分野やマーケティング分野での実用化が進められています。

◆本音はどこから漏れる？

では、その**最先端の対人テクニックともいえる「微表情」**を学んでいきましょう。

本章では、相手の本音を見抜くために決して外すことのできない観察ポイントを説明します。観察力なしに相手の本音を見抜こうとするのは、スピーキングはできるのに、リスニングはできない外国語学習者のようなものです。どんなに巧みな話術があっても相手の反応を読みとくことができなければ、相手の内なる声に気づくことはできません。

その声は、ウソかもしれませんし、助けて欲しいのサインかもしれませんし、うんざりのサインかもしれません。こうしたサインは明確な言葉として表れるとは限らないため、鋭い観察力が必要となるのです。

本書では、感情コントロールの概要と相手の本音が表れる観察ポイントを、**表情・身体《からだ》・声という3つのチャンネル**から説明します。

私たちの本音はどこから生じるのでしょうか。

私たちは、自分の地位、名誉、人との関係性、文化的制約、個人的理由、その他さまざまな理由から、本音をつねに言葉にできるわけではありません。しかし、私たちの本音は、たとえ明瞭な言葉に表されなくても、身体の３つのチャンネルから生じることが知られています。しかも、ある順序に沿ってその本音が生じてくるのです。

◆感情がダダ漏れする身体のチャンネル

感情漏洩《ろうえい》モデルというものが、本音を読み解く観察ポイントを教えてくれます。

感情漏洩モデルによれば、私たちの本音は、表情・身体・声という3つの非言語チャンネルから生じます。もちろん、**私たちには言葉を巧みにコントロールする能力があるのと同じように、表情・身体・声も巧みにコントロールし、本音を隠すことができます。しかし、それらのチャンネルをコントロールするのには難易度の優劣があるのです。**

想像してみてください。接待の席でお得意様の「つまらない話」を延々と聞かされているご自分を。愛想笑いを浮かべている自分。本音では、つまらなく、途方もなく悲しくなってしまうような状況でも、愛想笑いを浮かべることができます。

想像してみてください。家庭で妻と喧嘩《けんか》しているときのご自分を。たとえ喧嘩の真っ最中でも、会社の上司からかかって来た電話に出るときには、怒りで震えた声を静めて平静を装うことができます。

しかし、身体に目を向けてみてください。

途方もなく悲しい状況のとき、肩は落ちます。怒りで震えた声を静めても、呼吸は荒く、全身にはまだ力が入っています。

感情漏洩モデルは、私たちが、①表情、②声、③身体の順番で本音をコントロールしやすいことを教えてくれます。つまり、**身体を見れば本音が見抜きやすい**ということです。

しかし、ここで問題が生じます。

確かに身体を見れば本音がわかるとしても、表情や声の方が詳細な情報が込められているという事実です。

例えば、相手の表情から相手の軽蔑《けいべつ》、嫌悪、悲しみ、罪悪感を明確に区別して読みとることができます。しかし、相手の身体からは軽蔑と嫌悪、悲しみと罪悪感を明確に区別することはできないのです。

「表情や声の方には相手の詳細な本音が込められている、しかし私たちはそれを巧みにコントロールするので本音を読み解くには身体からざっくりとしかつかめない……」

そんなジレンマに陥ることになるのです。
このジレンマを解消してくれる手段はないのでしょうか。
実は、あるのです。

◆コントロールされた本音は「微表情」と「微動作」に表れる

「微表情」と「微動作」という2つの現象が、このジレンマを解消してくれます。

微表情とは「抑制された感情が無意識のうちにフラッシュのごとく表れては消え去る微細な顔の動き」のことを言います。

前述したように、私たちは巧みに表情をコントロールして本音を隠そうとするのですが、微表情はそのコントロールのすきまを一瞬だけすり抜け、一瞬だけ本音を露呈させてしまうのです。

顔に表情として表れている時間は0・2秒ほどで、注意していないと見抜くことはできません。しかし微表情を読みとくことができれば、相手の感情を明確にキャッチでき、本音をうかがい知ることができるのです。

そしてもう1つ。**微動作**という現象があります。

微動作とは「抑制された感情が無意識のうちに提示範囲外に断片的に表れる身体の動き」のことを言います。提示範囲とは、アゴの下から腰の上を示します。断片的というのは、身体の一部のことを意味します。

つまり、**本音が出ないように我慢しても、知らず知らずのうちにアゴの下から腰の上以外のところに身体の一部が本音を表す**、ということです。微動作を見抜くことができれば、大まかにしか掴むことのできなかった、身体から漏れ出る本音をより詳細に理解することができるようになるのです。

◆「声」にも本音はダダ漏れる

また、「声」も無視できません。

純粋な声チャンネルとは、声の高低やトーンのことを言いますが、**「え〜」とか「あ〜」のような言葉にならない言葉＝パラ言語や言葉の使い方の変化も重要です。** 声の高低やトーンから相手の感情を把握し、微妙な言葉遣いの変化から、相手の本音の場所を推定することができるのです。

微表情・微動作・声チャンネルに習熟し、それぞれを注意深く観察することで、感情漏洩モデルの原則である表情＞声＞身体という私たちの本音コントロールの優位順にとらわれることなく、相手のありのままの姿を観察することができるのです。

◆人間は「抑制」と「表出」で本音をコントロールする

ここで言葉の使い方とその意味するところをもう少し明確にしておきましょう。

「本音をコントロールする」とは、「感情をコントロールすることを通じて、自分の本心とは異なるメッセージを表情・身体・声（言葉）で発する」という意味です。

「感情をコントロールする」には、大きく分けて2つのストラテジーがあります。一つは抑制で、もう1つは表出です。

「抑制」とは本当の感情を抑えること、「表出」とは感情を過剰に出すことです。

感情のコントロールについては、表情に関する研究が進んでいるため、より詳細な分類を表情を例に説明します。表情を使って感情をコントロールするとき、私たちは次の6つのストラテジーを使うことが知られています。

強化・弱化・中立化・修飾化・偽装化・隠蔽《いんぺい》化の6つの「化」です。

強化とは、本当に感じている感情を強めることです。

例えば、お笑い芸人のリアクションや、食事のレポートをするレポーターの表情に観察されます。芸人がある出来事に少し驚く程度の感情を感じたとします。しかし、視聴者にわかりやすく感情を伝えるために、自身の少しの驚きを大げさに表現しようとします。

食事のレポートをするレポーターも、口にした食事の美味《おい》しさに少し感動した程度でも、視聴

強化

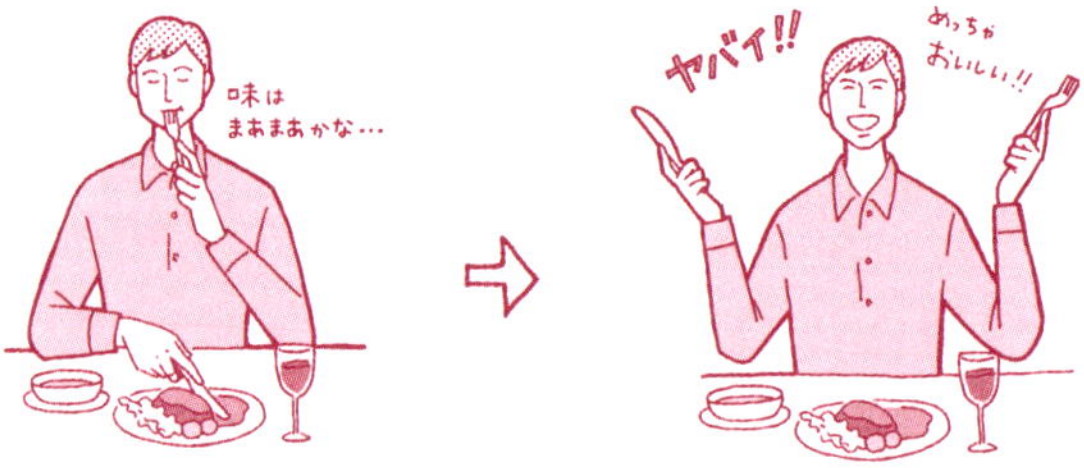

弱化

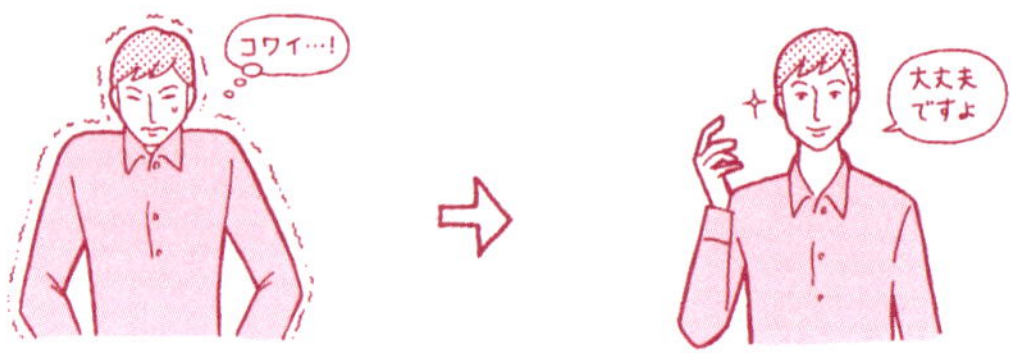

中立化

修飾化

偽装化

隠蔽化

者に美味しさが明確に伝わるように、感動の程度を自身が本当に感じているよりもより大きく見せようとします。

これが強化の例です。

弱化とは、本当に感じている感情を弱めることです。

例えば、飛行機に他人と隣り合わせで座っているとき、ひどい乱気流に巻き込まれたとしましょう。とても心細く、怖い思いをしています。安心を求めるために隣の人に「大丈夫ですよね」「落ちたりしませんよね」などと言うかもしれません。

そんなとき、隣の人は「大丈夫ですよ」と言いながら、目にはうっすらと恐怖のサインを浮かべているかもしれません。そんなとき、その隣の方は、頼られてしまった手前、自分も怖いとは言い出せず、本当は凄《すご》く怖い感情を押し殺して平静を保とうとします。これが弱化の例です。

中立化とは、本当に感じている感情を何も感じてないかのように中立表情をすることです。いわゆる**ポーカーフェイス**のことです。無表情とも呼ばれることがあります。

ポーカーで自分に有利なカードが回ってきたときには、喜びを顔に出さないようにし、不利なカードが回ってきたときには、動揺を顔に出さないようにします。これが中立化の例です。

修飾化とは、本当の感情に新たな感情表現を注釈として付け加えることです。

例えば、上司が部下を叱《しか》っているとします。上司が怒った表情で部下を叱ると、部下の悲しい表情にふと気付きます。自分がきつく言い過ぎていることを実感します。

そこで上司は怒りの表情の後に笑顔を見せ、「君に期待しているからこそ、厳しい言葉をかけたんだよ」と言うかもしれません。このように本当の感情の後に他の感情を付け加え、先の感情の意味を変容させるのです。これが修飾化の例です。

偽装化とは、本当に感じている感情、もしくは何の感情も感じていないときに、本当には感じていない感情を感じているように演技することです。

例えば、「私は悲しい」と言いながら、悲しそうな顔を浮かべているのですが、そのセリフを話している本人は、全然悲しくないようなときがあります。これが偽装化の例です。

隠蔽化とは、本当に感じている感情を別の感情で隠すことです。

愛想笑いが代表例です。

例えば、本当は感情に身を任せ、怒りを爆発させたくなるような状況があります。お客さんが、上司が、先輩が、理不尽な要求をしてくる。イライラが募ってきて、爆発寸前。しかし、私たちはこの関係性を破壊しないように、笑顔を繕い、愛想笑いで怒りを隠します。これが隠蔽化の例です。

身体と声が、表情ほど細かなストラテジーができるのかについては定かではありません。しかし、私たちは表情と似たように身体や声を使って感情をコントロールすることを経験的に知っています。

まとめますと、弱化・中立化・隠蔽化が抑制にあたり、強化・修飾化・偽装化が表出にあたります。人が感情をコントロールしたとき、その人の本音を正しく推定するには、それぞれのストラテジーについて習熟する必要があります。

しかし、**微表情と微動作の読みとり法をマスターすれば、細かな分類に頼らなくても、他者の本音を推定することができるのです。**それはなぜでしょうか。

例えば、目の前の相手が感情を抑制します。しかし、抑制しきれない感情が微表情や微動作として生じます。逆に目の前の相手が感情を過剰に表出します。しかし、この感情が本音でないならば、また本音以外の感情が混入しているならば、本音の感情が微表情や微動作として生じ得るのです。

したがって、**微表情と微動作を読みとることができるようになれば、包括的に相手の本音の痕跡《こんせき》を見つけ出すことができるようになります。**

◆表情は「文化依存」か、それとも「人類普遍」か?

先に説明したように微表情とは、抑制された感情が無意識のうちに一瞬の表情となって表れる現象であり、感情コントロールの結果として起きます。それはいわば、表情の応用です。

したがって、最初に微表情をキャッチするために必須《ひっす》となる表情の基本型を学びます。そして次に、感情表出以外の顔の動きについて学びます。表情の基本型とその他の顔の動きを学ぶことで、表情の変化から他者の微表情を正しくキャッチする観察眼の軸を鍛えることができます。

「そもそも表情って、みんな同じなの?」

「赤ちゃんと大人、男性と女性、日本人と外国人、昔の人と今の人……違うように見える」
「それぞれの表情が違うならば、それぞれの表情を学ばなくてはいけないのではないか？」

表情に関してこのような疑問を持たれているかも知れません。

結論から言いますと、**表情は普遍的な現象**です。ある感情を感じるとき、いつでも、どこにでも、誰にでも、同じ顔の筋肉のコンビネーションを伴って表れる万国共通な現象です。この表情の万国共通説を最も強力にサポートする証拠は、目の見えない人を対象とした観察から得られています。

場所はパラリンピックの柔道会場。

観察対象は、これまで目でものを見たことのない様々な文化圏に属する柔道選手たちでした。彼らが勝利したとき、もしくは負けたとき、どんな表情をしたでしょうか。彼らが勝負に勝ったとき、彼らの顔は、両口角《こうかく》が上がり、目尻《めじり》にしわができました。これはいわゆる「笑顔」です。

一方で彼らが勝負に負けたとき、眉《まゆ》がハの字になり、両口角は下がり、アゴにしわができる。これは、悲しみ表情の特徴です。その他にも観察された表情は、**目の見える人々と同じ顔の筋肉＝表情筋のコンビネーションを伴って表れていたことが観察されたのです。**

この研究の凄いところは、様々な文化圏に属する目の見えない人々を対象にして、実験室でポーズされた表情ではなく自然な表情を記録した点です。この調査により、表情の万国共通説は、より強固な説となりました。

◆表情の万国共通性を示した実験

ところで、**表情の万国共通性の起源**はどこにあるのでしょうか。

この説が唱えられた起源をさかのぼると、なんと、あの『種の起源』を書いた**チャールズ・ダーウィン**の研究に源流を辿《たど》ることができます。1872年にダーウィンが出版した『人及び動物の表情について』の中で、ダーウィンは、**人と哺乳類《ほにゅうるい》との表情の類似点**に言及しました。

そして感情と感情の表れである表情は、生きていくために必須な機能であり、誰に習うことなく、生物は生まれ持って感情を表情に表す能力を持つと論じました。また同時にダーウィンは、全ての人間は、民族や文化にかかわらず、同じ感情には同じ表情で反応すると論じました。

しかしダーウィンの説は、文化人類学者らの激しい反論に一蹴《いっしゅう》されてしまい、長らく世に出てくることはありませんでした。

この流れを決定的に変えたのが、トムキンス、エクマン、イザード、フリーセンら心理学者の一連の調査や実験でした。

まず1962年から発表された一連の研究で、トムキンスが感情と表情筋との間に密接な関連性があることを提唱します。トムキンスの研究を引き継いだエクマンとイザードが、それぞれ独立して研究をし、同様の結果を見いだします。

２人が行った実験は、白人の様々な表情の写真を様々な文化圏に属する人々に見せ、その表情がどんな表情をしているかを判断してもらう内容のものでした。

実験の結果、所属する文化圏により多少、正解率は変化するものの、どの文化圏に属していようと、白人の表情を正しく解釈できることがわかりました。

この実験で、万国共通の表情であると認められたのは、幸福・嫌悪・怒り・悲しみ・恐怖・驚きの6種類でした。

しかしここで文化人類学者らから、強力な反論がなされます。

「白人の表情を様々な文化圏に属する人々が正しく判定できたのは、白人文化がマスメディアを通じて世界中に配信されているからで、白人の表情をそれらの実験に参加した人々が学習したからではないか。ゆえに表情を認識する能力は生来から保持している

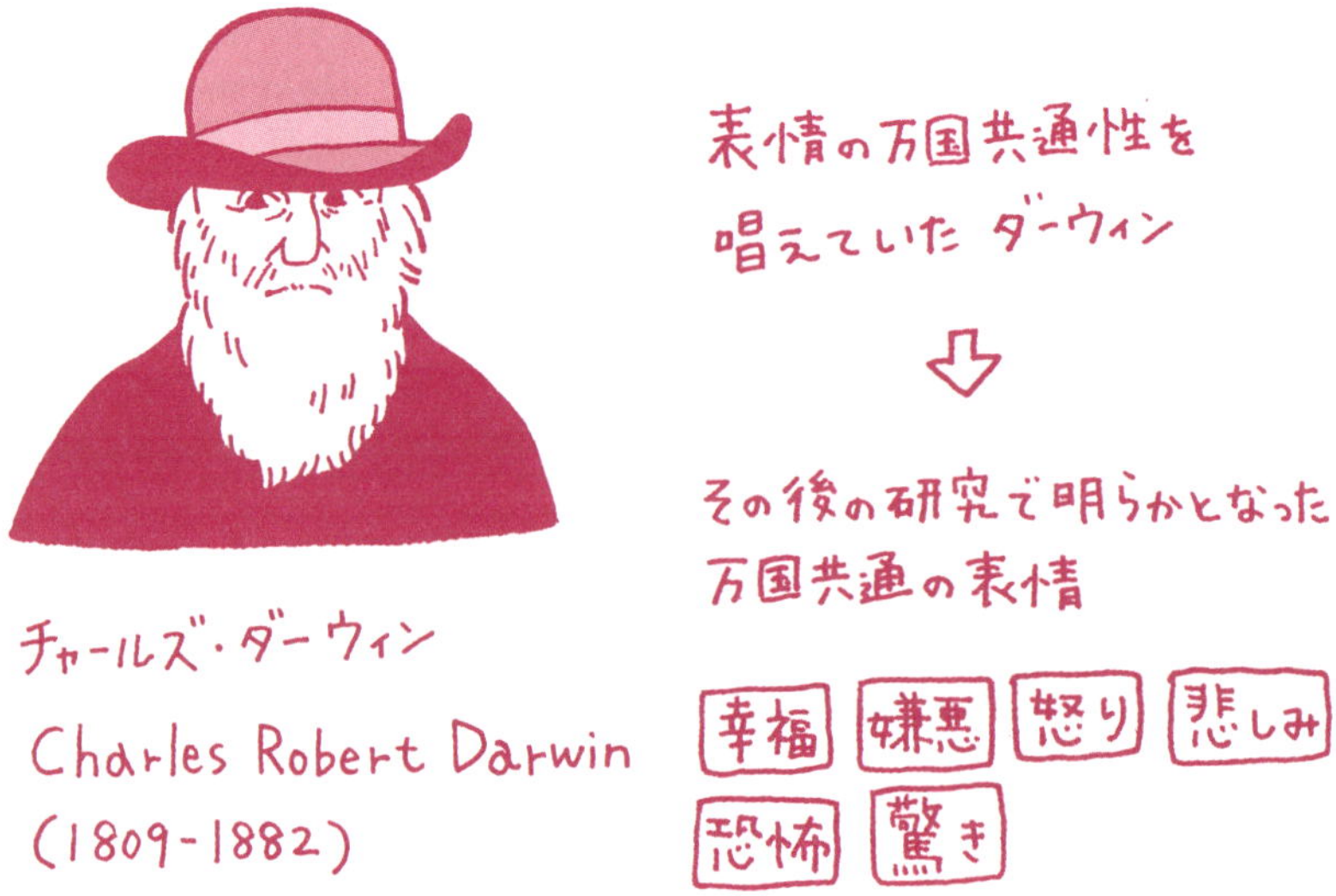

とは言えない」

もっともな反論です。

そこでエクマンの調査チームは、マスメディアの影響をこれまで受けたことのない、つまりテレビや雑誌などに触れたことのない、ニューギニアの先住民族を対象に2つの調査をしました。

1つは、西洋人の様々な表情の写真を先住民の人々に見せ、どんな表情をしているか判断してもらう調査でした。もう1つは、先住民の人々の様々な表情の写真をその先住民を見たことのないアメリカ人らに見せ、どんな表情をしているか判断してもらう調査でした。

調査の結果、西洋人をこれまで見たことのない先住民の人々も、先住民の人々をこれまで見たことのないアメリカ人らも、お互いの表情を正しく認識できたことがわかりました。この調査結果を受け、表情の万国共通説が広く知れ渡るようになりました。

このエクマンの研究以後、様々な研究がなされ、さらに多くの文化圏の人々、赤ちゃん、視覚障害の人々が対象となり、万国共通な表情の存在が明らかとなってきました。

2016年現在、**万国共通の表情として考えられている表情は全部で7種――幸福・軽蔑・嫌悪・怒り・悲しみ・恐怖・驚き――**あり、万国共通ではないかと考えられ、現在も研究が続けられている**準万国共通な表情が11種――羞恥・恥・罪悪感・畏れ・誇り・楽しみ・愉しみ・興奮・快楽・安堵・満足――**あることがわかっています。

◆「表情に見られる文化差」はどう説明がつくのか？

しかし、表情が万国共通である証拠があるとしても、**文化によって表情は異なるのではないか**という疑念がどうしても残ります。それは、私たちの体験に強く基づいているからだと思われます。

例えば、アメリカ人の表情の率直さと日本人の表情の曖昧《あいまい》さ、という異なる表情の印象を拭《ぬぐ》いさることができません。この疑問に答えてくれる研究が、１９７２年にフリーセンという博士課程の学生によってなされています。それはこんな研究です。

アメリカ人と日本人に１人ずつ実験室に入ってもらい、気分の悪くなるような映像を１人で視聴してもらいます。その様子が隠しカメラで撮影されており、それぞれの表情のリアクションを計測します。そうすると**アメリカ人も日本人も気持ちの悪い映像には、同様のネガティブな表情で反応していたことがわかりました。この結果は、表情の万国共通説を支持するものです。**

次に、アメリカ人と日本人が気持ちの悪い映像を視聴するときに、研究者が同席する、という条件で実験がなされました。この様子も隠しカメラで撮影されています。その結果、**アメリカ人は先ほどと同じネガティブな表情で反応していたのですが、日本人は、なんと「笑顔」だったのです。**

これはどういうことなのかと言うと、個人主義的な考え方を持つアメリカ人は自己の感情を自由に表すことが社会的によしとされています。一方で**集団主義的な考え方を持つ日本人は、集団の和を乱さないように、この実験では研究者の気分を害さないように、ネガティブな感情を面に出すのは不適切だという社会的な制約が働いた**と考えられています。

これが**表情に見られる文化差**の答えです。

実はこうした表情に対する自由・不自由度にかかわる制約は、文化だけでなく、様々な集団にも当てはまります。性別もそうです。男と女、子どもと大人、軍人とビジネスマン、上司と部下などがあります。

ある集団の中のある状況下で表すべき適切な表情の決まりを**「表示規則」**と言います。**私たちは幼少期から知らず知らずのうちにこの表示規則を学習している**と考えられています。

まとめますと、表情は万国共通ですが、そのコントロールの仕方には文化差、広くとらえるならば集団差があり得るということになります。

C H A P T E R I

第2章

いつでも、どこでも、誰にでも表れる万国共通な表情

本章ではまず、**いつでも、どこでも、誰にでも表れる万国共通な7表情――幸福・軽蔑《けいべつ》・嫌悪・怒り・悲しみ・恐怖・驚き**――を説明します。

表情はコントロールされるとはいえ、ベースとなる表情は万国共通です。また表情がコントロールされても本音の表情が微表情として生じます。この微表情のベースも万国共通の表情です。

そこでコントロールされる前の表情の基本型を学ぶ必要があります。表情の基本型を正確に学ぶことで、コントロールの形跡や複雑な表情、感情以外の顔の動きを知ることができるのです。

一見、簡単そうに見える表情でも、微妙に異なる筋肉の動きやしわの形に注意して観察してみてください。

◆まずは「中立」の表情を確かめる

他者の表情の変化を観る前に確かめておくことがあります。

それは、その人物の**中立表情**です。

中立表情とは、その人が何の感情も感じていないときの表情のことです。他者の中立表情を知らないと、その人物が何の感情表現もしていないのに、ある感情を抱いていると誤解してしまう危険性があるのです。なぜならば、顔の動きには、感情表現を表す表情以外にもたくさんの意味があるからです。

例えば、話をするときの口の動き、唾液を飲み込むときの唇の動き、鼻水をすするときの鼻の動き、何かを考えているときの眉の動き、笑うときのクセなどたくさんあります。そこで他者の表情変化を正確に観るためには、その人物の中立表情を確認する必要があるのです。

中立表情には、**顔の動きが全くない無表情、感情表現をするときに動かされる表情のクセ、感情表現とは関係のない顔の動きの3つ**に分けることができます。

無表情とは、顔の動きが全くないときの顔のことです。無表情の観察ポイントは、顔の対称度としわです。

私たちの顔は、整形手術をしていない限り、顔は微妙に左右非対称です。表情の変化を観るときに左右の対称度を考慮していないと、単純な笑顔なのに左右非対称の口角の角度から、その笑顔を軽蔑やウソの笑顔と取り違えてしまう恐れがあります。

次にしわです。しわは、個人によって見えづらかったり、無かったり、深く刻まれたりします。しわの個人差によって、表情が変化しても典型的なしわが形成されないことがあります。またしわが深く刻まれていることから、何の表情がなくても、ある表情をしているように見えるときがあります。したがって、無表情の状態をよく観察しておく必要があるのです。

また注意として、他者が無表情だとしても、その人が何の感情も感じていないとは限らないということです。それは何らかの感情を感じていても表情をコントロールし、面に出さないようにしている場合と、表情に表れるほどの強い感情を感じていない場合とが考えられます。

こうした場合でも、その人物に微表情が表れることがあるので、その人物の顔をよく観察することで一見、無表情の顔から感情をキャッチできる可能性があります。まれに、精神や顔面神経系に問題を抱えて表情が動かないという場合が考えられますが、こうした場合の観察法は本書の域を出てしまうので扱わないこととします。

感情表現をするときに動かされる表情のクセとは、本来ならばA感情を示す表情なのに、ある人にとってはB感情である、という表情の個人的なクセのことです。例えば、笑顔になるとき鼻にしわを寄せる人がいます。鼻のしわは、嫌悪を意味する顔の動きですが、クセとしてこのような笑い方をする人がいるのも事実です。

笑顔と嫌悪が混じっている表情なのか、個人的な笑顔のパターンの一つなのかは、その人物の顔のクセを観察することで区別することができます。この表情のクセは広く個人差が関係し、あらゆる種類がありえるため、個別に説明することはできません。個々人の表情のクセをよく観察しましょう。

感情表現とは関係のない顔の動きとは、感情を表すとき以外に動く顔の動きのことです。例えば、冒頭に挙げた、話をするときの口の動き、唾液を飲み込むときの唇の動き、鼻水をするときの鼻の動き、何かを考えているときの眉の動きなどです。

◆「幸福」の表情

幸福感情とは、受容・期待・承認・喜び・楽しみ・興奮などを含む肯定的な感情の総称を言います。幸福感情は、目標の達成を原因に引き起こされます。モチベーションを維持したり、誘発する働きを持っています。

幸福表情とは、いわゆる笑顔です。

幸福表情の特徴は次の２点です。

①口角が引き上げられる

②目の周りの筋肉が収縮する

①と②の動きによって頬が引き上げられます。①の動きによって、ホウレイ線が水平に広がります。②の動きによって、目尻にしわができます。このしわがカラスの足跡に似ているという理由で「カラス

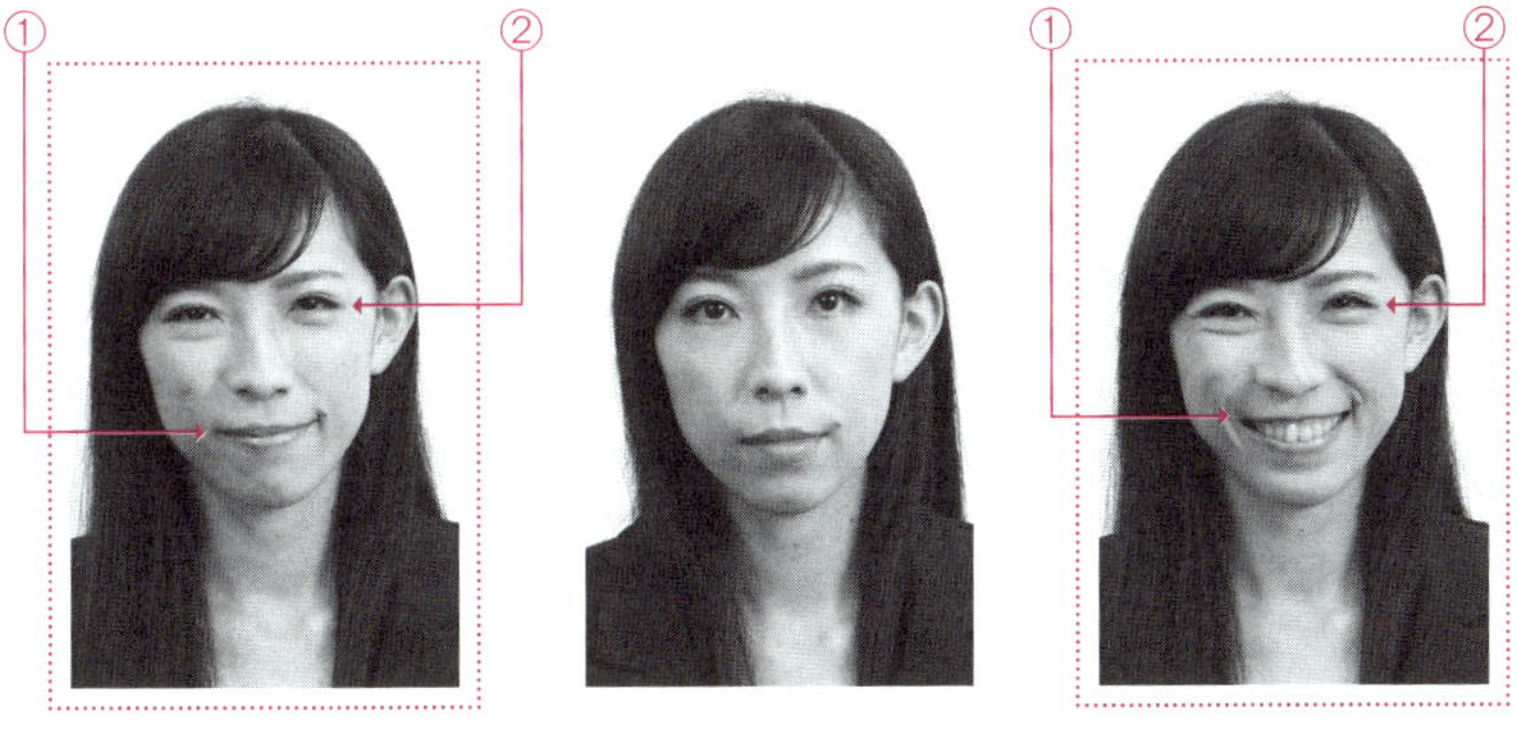

弱い幸福　　中立　　幸福

①口角が引き上げられる。ホウレイ線が水平に広がる。
②目の周りの筋肉が収縮する。カラスの足跡ができる。

の足跡」という呼び方がされています。

◆「軽蔑」の表情

軽蔑感情とは、優越感・さげすみ・冷笑などを含む否定的な感情の総称を言います。軽蔑感情は、不道徳な行為を原因に引き起こされます。優越感を主張する働きを持っています。

軽蔑表情の特徴はたった1つです。**「片方の口角が引き上げられる」**というもの。この動きは、右の口角でも左の口角でもどちらでも構いません。どちらか片方の口角が引き上がれば、それは軽蔑を意味します。

この動きによって、片方の頬が引き上げられ、片方のホウレイ線のしわが水平に広がります。

弱い軽蔑

中立

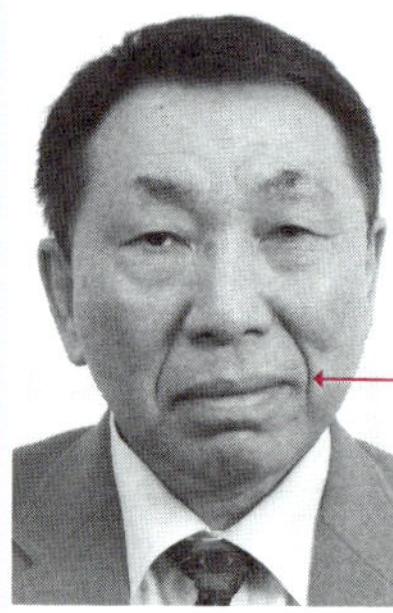

軽蔑

片方の口角が引き上げられる。

エクボができることがある。

◆「嫌悪」の表情

嫌悪感情とは、反感・拒否・嫌気などを含む否定的な感情の総称を言います。嫌悪感情は、汚染・不快な言動・腐敗したモノを原因に引き起こされます。不快なモノに対する反感や排除をする働きを持っています。

嫌悪表情には2つの典型バージョンがあり、特徴がそれぞれ1つずつあります。

①鼻にしわがよる。その動きによって眉は下がり、鼻の穴がふさがり、目が細くなる

②上唇が引き上げられる。その動きによって、上唇が台形になり、ホウレイ線のしわは釣鐘型になる

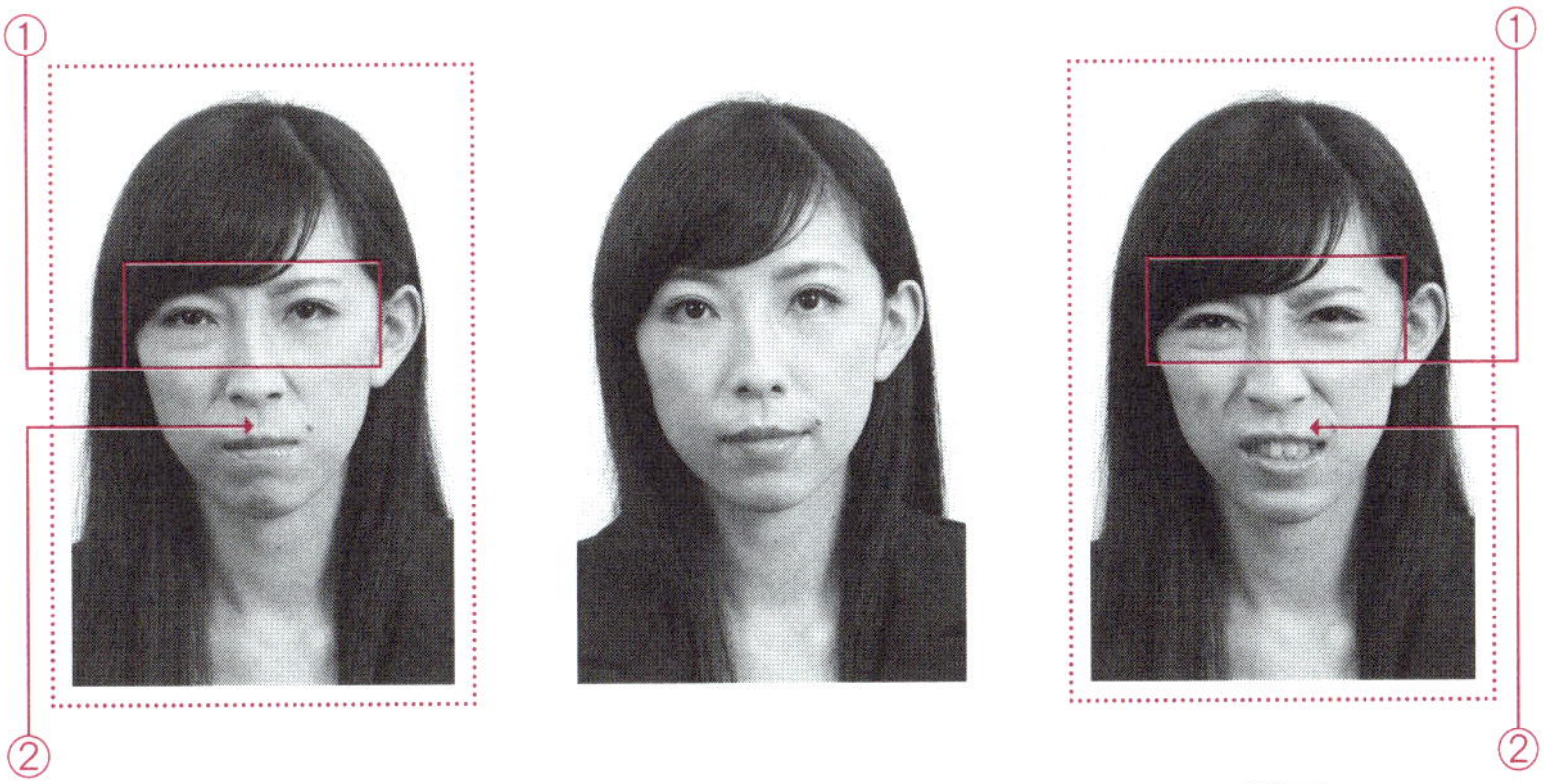

①鼻にしわが寄る。眉は下がり、鼻の穴はふさがり、目は細くなる。
②上唇が引き上げられる。

◆「怒り」の表情

怒り感情とは、苛立《いらだ》ち・煩《わずら》わしさ・不和・不服・難色などを含む否定的な感情の総称を言います。

怒り感情は、目標に対する壁・不正義・ルールの逸脱を原因に引き起こされます。怒り感情は、障害を取り除こうとする働きがあります。

怒り表情の特徴は次の４つです。

①眉が中央に寄りながら引き下げられる
②目が見開く
③下まぶたに力が込められる
④唇が上下からプレスされる
（唇に力が入れられながら口が開かれることがある）

①の動きによって、眉間に縦じわか45度程度の横

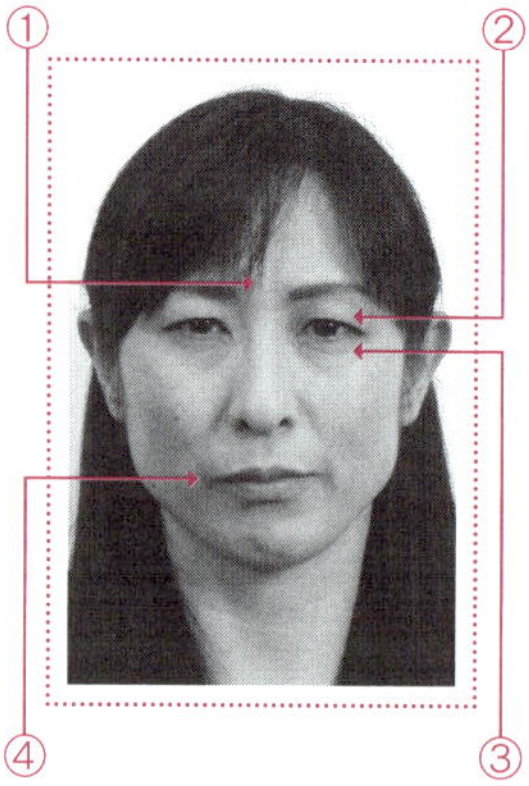

弱い怒り

中立

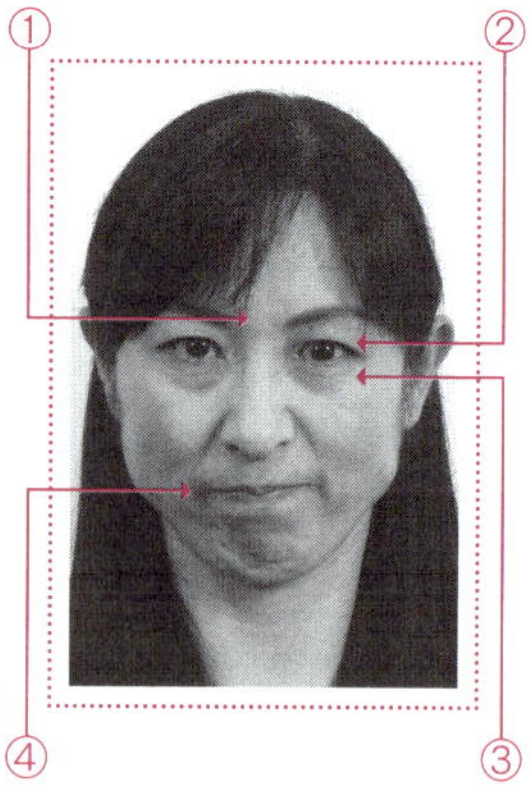

怒り

①眉が中央に寄りながら引き下げられる。眉間にしわができる。
②目が見開く。
③下まぶたに力が込められる。
④唇が上下からプレスされる。唇に力が入れられながら、口が開かれることもある。

じわができます。③の動きによって、下まぶたの下のしわが深く刻まれます。④の動きによって、唇の赤い部分の面積が小さくなります。

◆「悲しみ」の表情

悲しみ感情とは、失望・喪失・敗北感・期待外れ・幻滅などを含む否定的な感情の総称を言います。悲しみ感情は、大切なモノ・人の喪失が原因に引き起こされます。悲しみ感情は、失ったモノを再び取り戻したり、助けを求める働きがあります。

悲しみ表情の特徴は3つです。

①眉の内側が引き上げられる
②口角が引き下げられる
③下唇が引き上げられる

①の動きによって、眉がハノ字になり、額には山

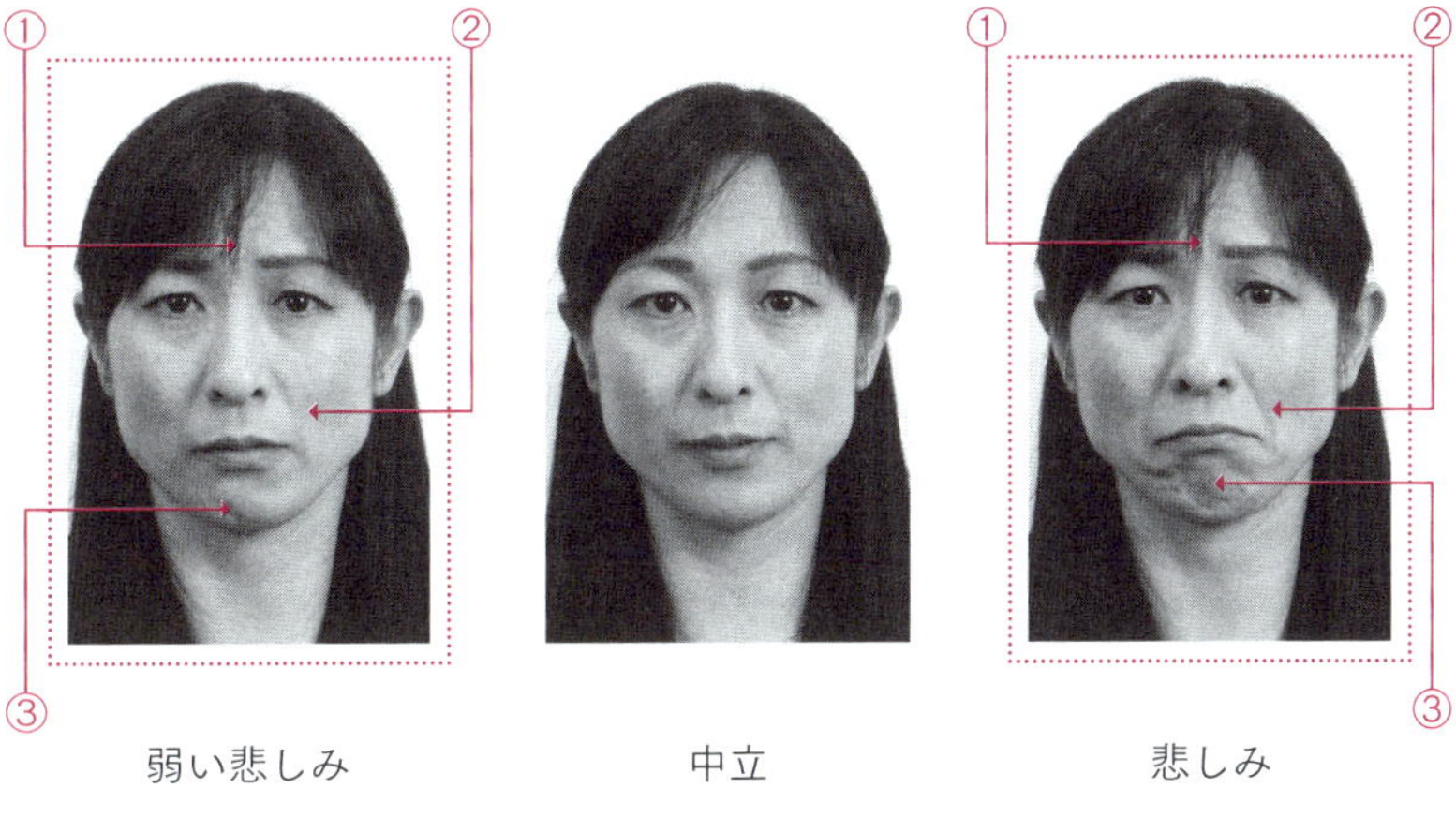

①眉の内側が引き下げられる。眉がハの字になる、額に山状のしわができる。
②口角が引き下げられる。ホウレイ線が深くなる。
③下唇が引き上げられる。あごにしわができる。

型のしわができます。なお①の動きと同時に眉が中央に引き寄せられる場合もあります。こうした場合、眉間に縦ジワか45度程度の横ジワができます。②の動きによって、ホウレイ線が深くなります。③の動きによって、あごに梅干し型のしわができます。

◆「恐怖」の表情

恐怖感情とは、不安・不確実・警告などを含む否定的な感情の総称を言います。恐怖感情は、身体・精神に対する脅威を原因に引き起こされます。恐怖感情は、脅威から回避しようとしたり、危害を減らそうとする働きがあります。

恐怖表情の特徴は5つです。

①眉が引き上げられて中央に引き寄せられる
②目が見開く
③下まぶたに力が込められる

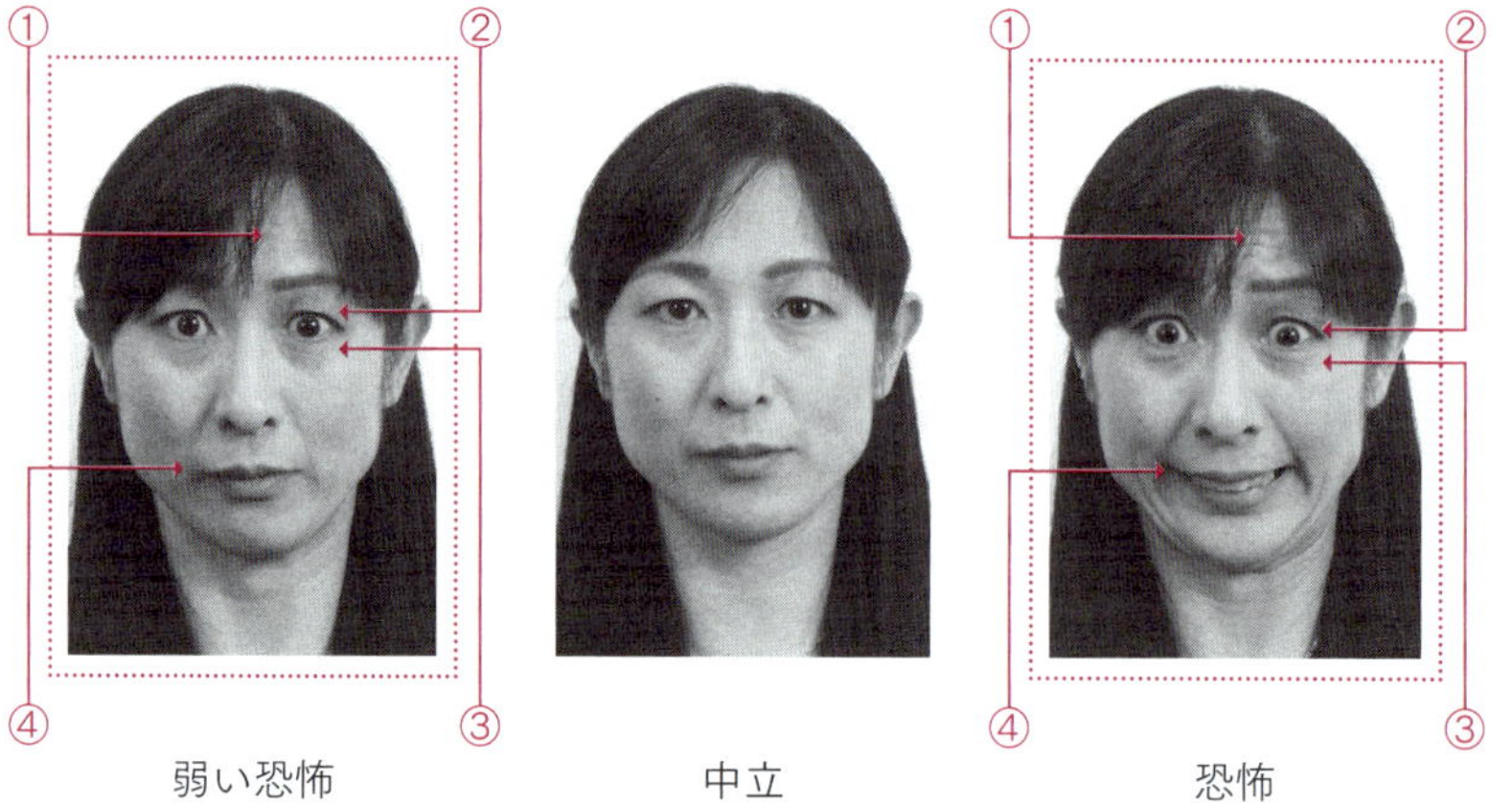

弱い恐怖　　中立　　恐怖

①眉が引き上げられ、中央に引き寄せられる。眉はカギ型になり、額中央に波型のしわができる。
②目が見開く。
③下まぶたに力が込められる。
④唇が水平に引かれる。

④唇が水平に引かれる

①と②の動きが同時に起こることによって、眉はカギ型となり、額に波型のしわができます。④の動きによって、下まぶたの下のしわが深く刻まれます。⑤の動きによって、あごは平らとなり、唇の赤い部分の面積が小さくなります。

◆「驚き」の表情

驚き感情とは、当惑・瞠目《どうもく》などを含む中立的な感情の総称を言います。驚き感情は、目新しいモノの突然の出現を原因に引き起こされます。驚き感情は、情報を検索しようとする働きがあります。

驚き表情の特徴は3つです。

①眉が引き上げられる
②目が見開く
③口が開かれる

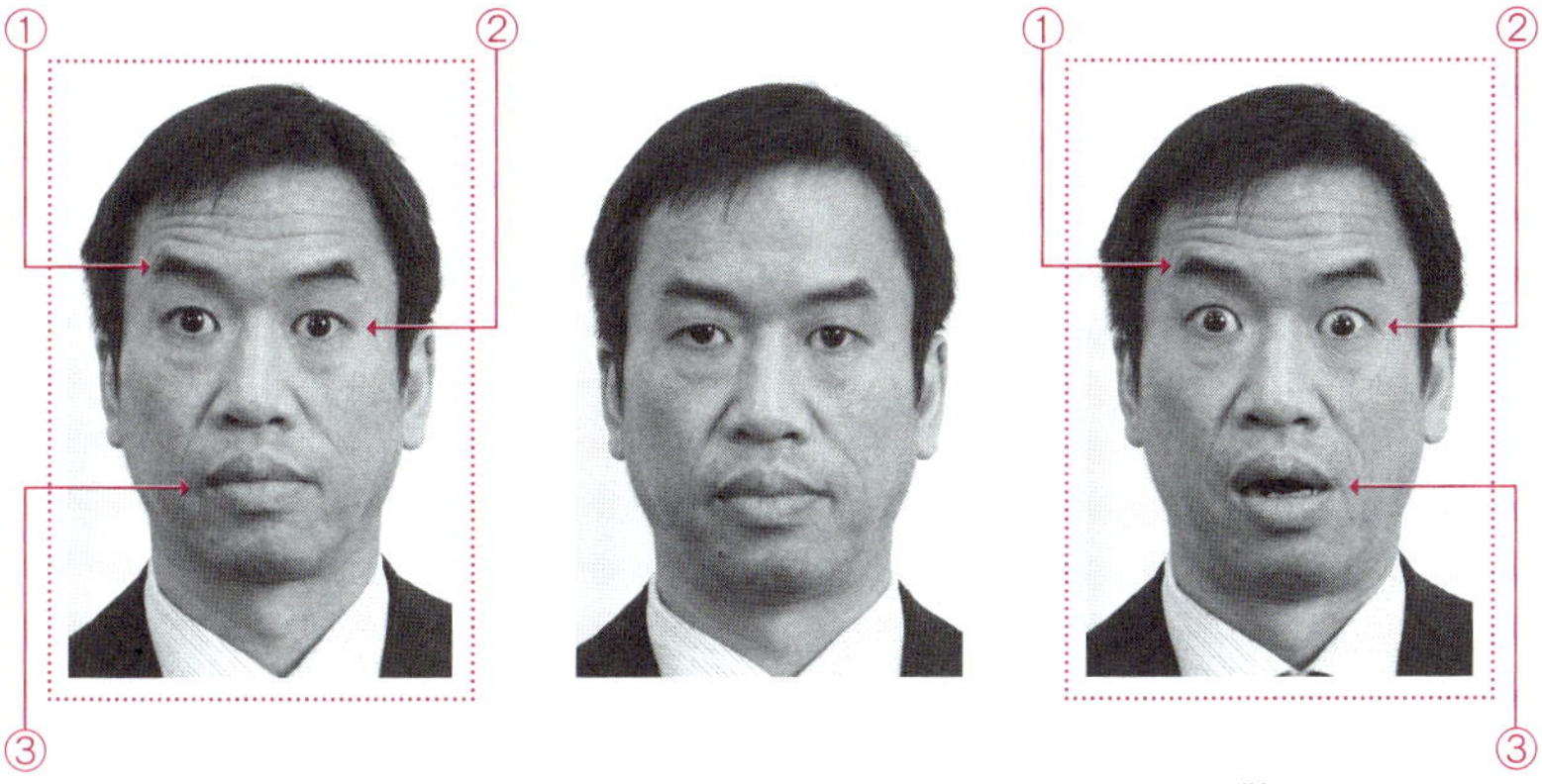

弱い驚き　　中立　　驚き

①眉が上がる。額全体に水平のしわができる。
②目が見開く。
③口が開く。

①の動きによって、額に水平のしわができます。

◆準万国共通な11表情

本節では、いつでも、どこでも、誰にでも表れる準万国共通な11表情―羞恥《しゅうち》・恥・罪悪感・畏《おそ》れ・誇り・楽しみ・愉《たの》しみ・興奮・快楽・安堵《あんど》・満足―を説明します。

準万国共通な表情と万国共通の表情との違いは、サバイバルにとっての重要度、と言うことができます。**万国共通な表情は、生きていくうえで欠かせないモノ**ばかりです。驚き表情がなければ、情報をよりよく観察できません。嫌悪表情がなければ、有害な臭《にお》いを直に吸い込んでしまいます。

一方、準万国共通な表情は、なくても生きてはいけます。それでは何のためにあるのかというと、**集団の中で人間として適切に振る舞うため**です。万国共通な表情とは異なり、**他者の存在を意識して初めて生じる感情であり、社会的な表情**なのです。

なぜそう言えるのか、本節を通じてみていきましょう。

◆「羞恥」の表情

羞恥感情とは、格好悪さ・気まずさ・後悔などを含む感情の総称を言います。羞恥感情は、身体・認知的なミスを原因に引き起こされます。羞恥感情は、低められた自己像を修正しようとしたり、謝罪をしようとする働きがあります。

羞恥表情の特徴は次の5つです。

①口角が引き上げられる
②唇が上下からプレスされる
③頭が左に向けられる
④頭が下げられる
⑤視線が下げられる

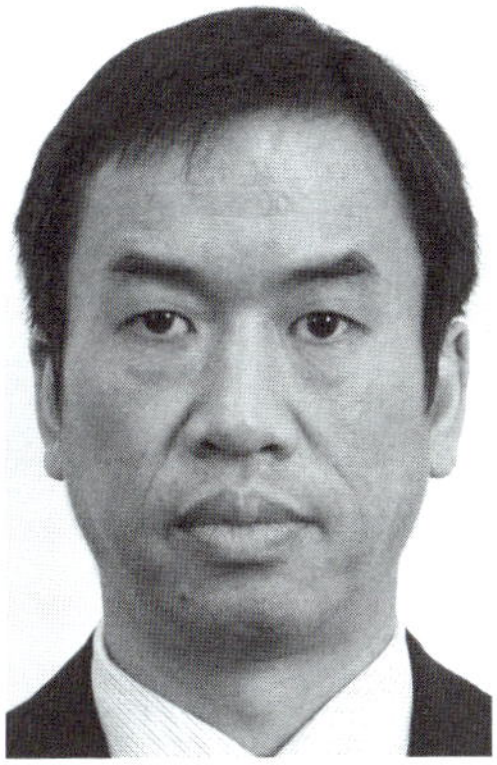

中立

①口角が引き上げられる。
③頭が左に向けられる。
④頭が下げられる。
②唇が上下からプレスされる。
⑤視線が下げられる。

羞恥

◆「恥」の表情

恥感情とは、自分に向けられた怒り・孤立感・劣等感・後悔などを含む感情の総称を言います。

恥感情は、社会的なルール違反をした自分が露呈することを原因に引き起こされます。恥感情は、ギリギリに保たれている自己像を維持しようとしたり、社会的ルールを大切にしようとする働きがあります。

恥表情の特徴は次の２つです。

①頭が下げられる
②視線が下げられる

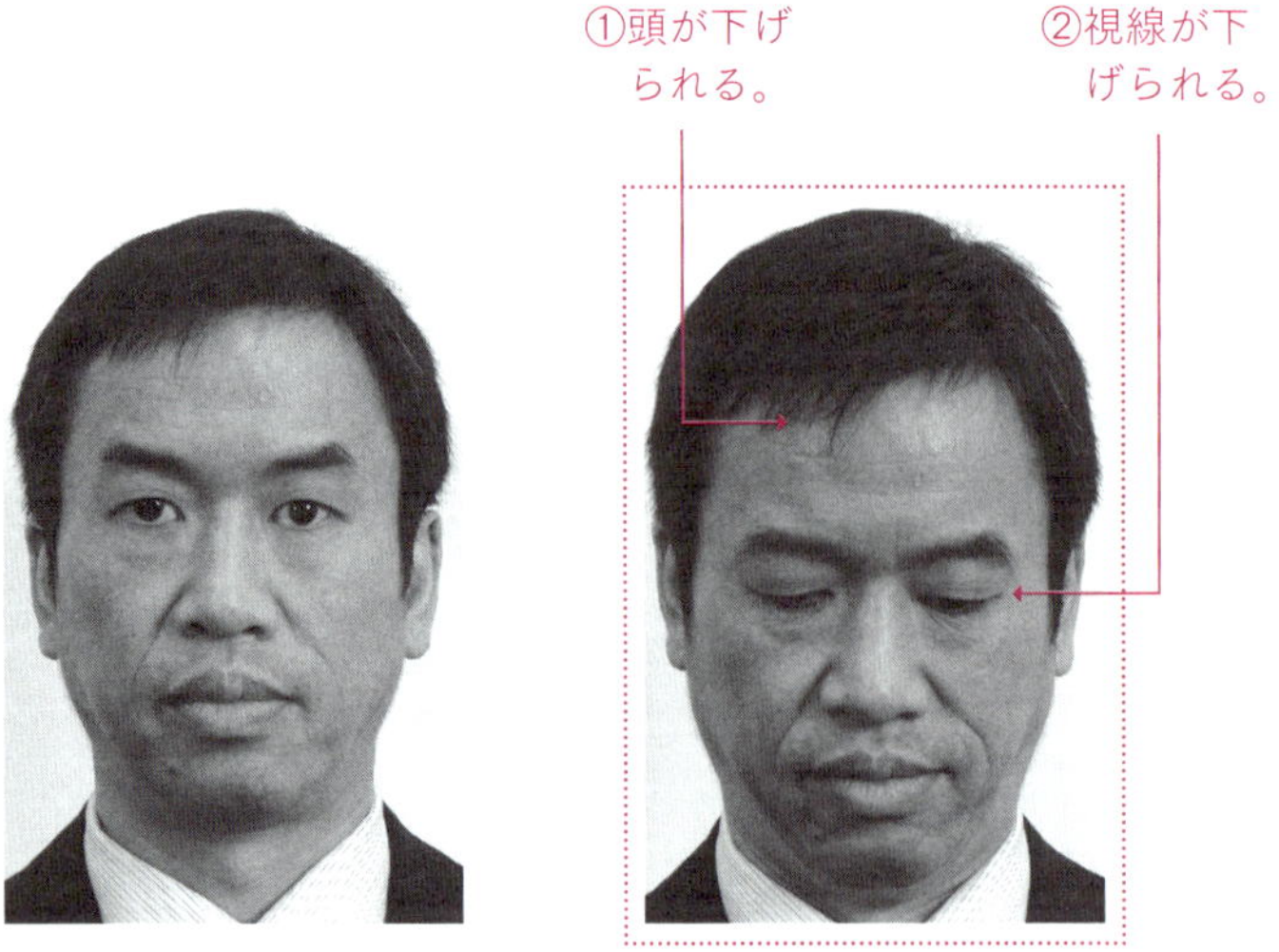

中立　　恥

◆「罪悪感」の表情

罪悪感とは、後悔・良心の呵責《かしゃく》・失望などを含む感情の総称を言います。

罪悪感は、自分に課したルールや社会のルールに違反することを原因に引き起こされます。罪悪感は、損失させてしまったモノを補償しようとしたり、ルール違反をしないようにしようとする働きがあります。

罪悪感の表情には2つの典型バージョンがあり、特徴がそれぞれあります。

バージョン1は自己卑下と呼ばれます。特徴は、**①左の口角が引き上げられる、②視線が下げられる、③頭が下げられる**、というものです。

バージョン2は共感と呼ばれます。特徴は、**①眉の内側が引き上げられる、②眉が中央に引き寄せられる、③頭が後退する**、というものです。

罪悪感バージョン1

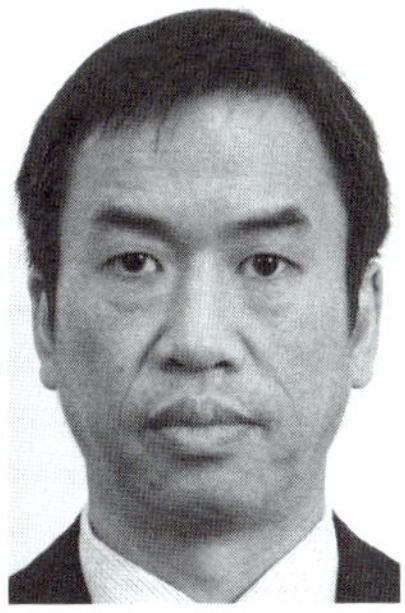

中立

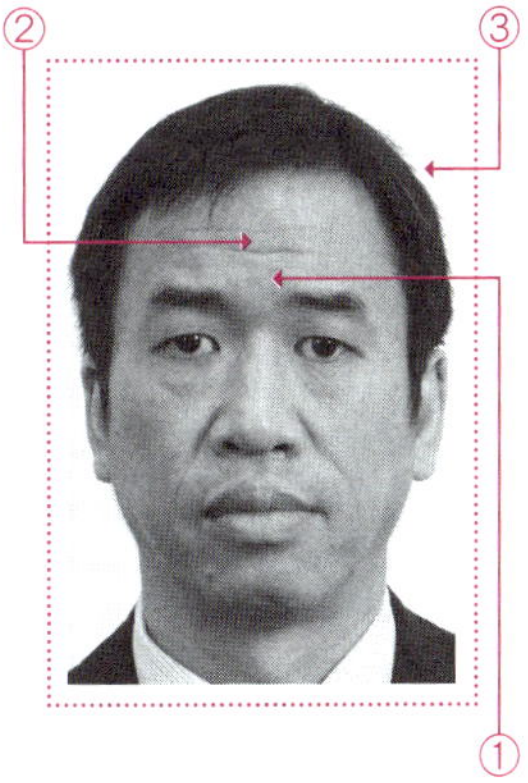

罪悪感バージョン2

①左の口角が引き上げられる。
②視線が下げられる。
③頭が下げられる。

①眉の内側が引き上げられる。
②眉が中央に引き寄せられる。
③頭が後退する。

◆「畏れ」の表情

畏れ感情とは、混乱・驚き・好奇心などを含む感情の総称を言います。畏れ感情は、偉大な力や人、モノの存在を感じて引き起こされます。

畏れ感情は、注意・関心・好奇心・探求心・服従心を引き起こす働きがあります。

畏れ表情の特徴は次の４つです。

①眉の内側が引き上げられる
②目が見開く
③頭が上げられる
④口が開けられる

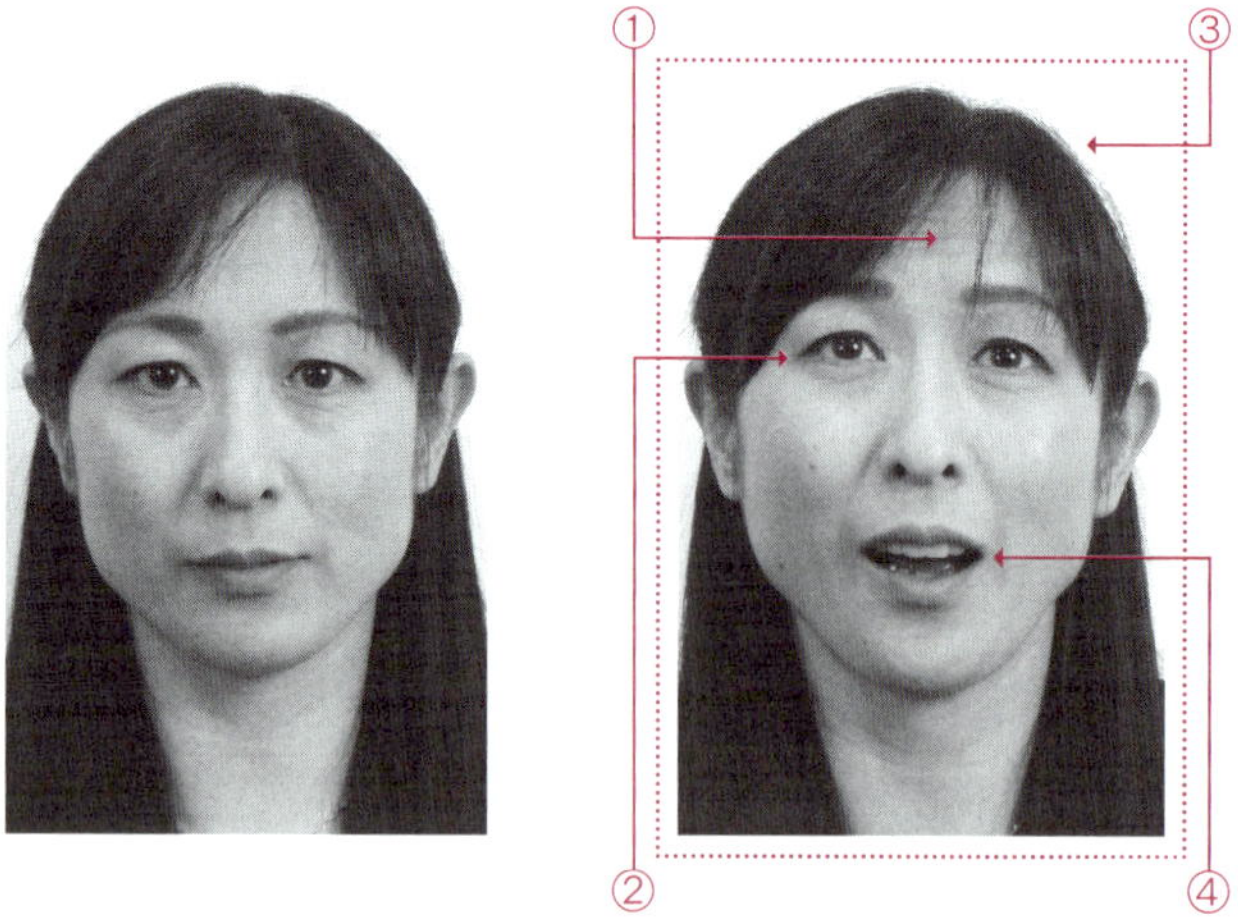

中立　　畏れ

①眉の内側が引き上げられる。　②目が見開く。
③頭が上げられる。　④口が開けられる。

◆「誇り」の表情

誇り感情とは、自己に関わる高評価を含む感情の総称を言います。誇り感情は、価値ある行為の達成を原因に引き起こされます。

誇り感情は、自分が所属する集団内の地位を確保したり、向上させたりする働きがあります。

誇り表情の特徴は次の３つです。

①口角が引き上げられる
②唇が上下からプレスされる
③頭が上げられる

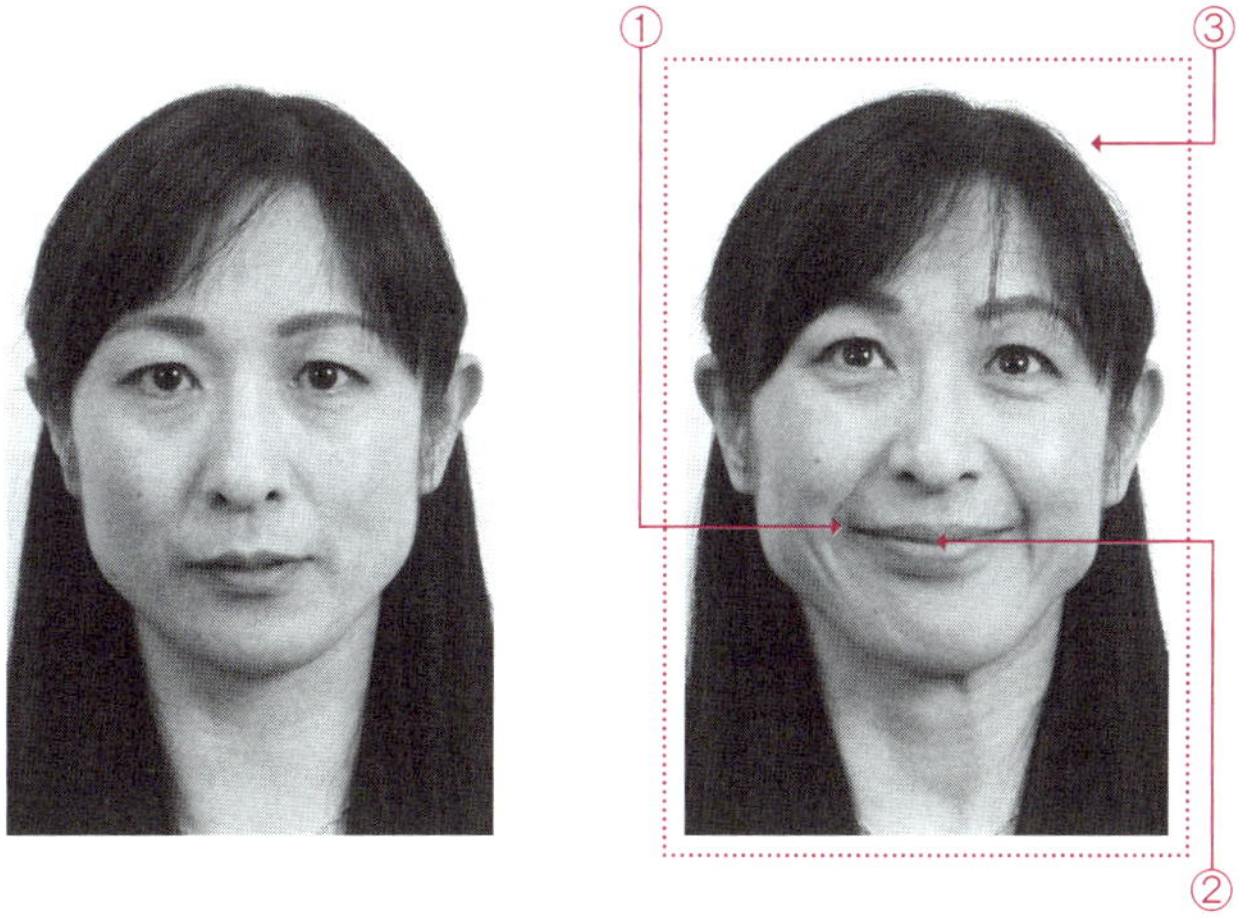

中立　　誇り

①口角が引き上げられる。　②唇が上下からプレスされる。
③頭が上げられる。

◆「楽しみ」「愉しみ」「興奮」「快楽」「安堵」「満足」の表情

楽しみ・愉しみ・興奮・快楽・安堵・満足感情とは、広くは幸福感情のカテゴリーに入ります。

幸福感情が生じる状況に応じて呼び名が変わることがあり、それぞれの表情についても、①口角が引き上げられる、②目の周りの筋肉が収縮する、という幸福表情の特徴を共通して持っています。

それぞれの表情の生じるタイミングや時間などが多少異なる程度で、表情のみからそれぞれの感情を目視で明確に区別することはできません。

◆「熟考」している顔と「怒り」の表情は見分けにくい

集中顔とは、感情の働きとしては「怒り」を、認知的な働きとしては「熟考」を意味します。

集中顔という名称は便宜的な呼称であり、専門用語ではありません。

それでは集中顔の特徴についてみていきます。

怒りについては、万国共通な7表情のところで説明した通りです。熟考とは、何かを理解しようとしていたり、何かを思い出そうとしていたり、物事を注意深く考えている状態のことです。

「怒り」も「熟考」も表情としては同じです。

「怒り」表情の特徴

①眉が中央に寄りながら引き下げられる
②目が見開く
③下まぶたに力が込められる
④唇が上下からプレスされる・唇に力が入れられながら口が開かれる

なぜ、「怒り表情」と「熟考顔」が同じ特徴になるのかというと、両者ともに集中が必要になるからです。私たちはある行動をしているときに邪魔をされると怒りを感じます。眉を下げ、目を見開き、その邪魔になっているものを取り除くために集中します。

一方、私たちが熟考するとき、自分の思考の中に集中します。このように私たちが集中するときというのは、顔全体に力が入り、特徴としては怒りの顔の動きとなります。

この両者の顔の動きは、顔の動きの特徴の数と顔の動きが表れている継続時間で区別するのが実用的です。怒りの場合、顔の動きの特徴①〜④が顔全体に、もしくは①や④の「唇が上下からプレスされる」動きが部分的に顔に微表情として一瞬だけ表れる傾向にあります。

熟考の場合、①のみや①と「目が閉じられる」、①と「目がどこかを注視する」、④の「唇が上下からプレスされる」動きが顔にしばらく表れる傾向にあります。

我を忘れて怒り狂っている場合は別ですが（明らかに熟考しているわけではないことがわかり

ますので)、**私たちは公の場で怒りを感じても顔に出さないようにするため、普通は怒りを感じても微表情としてしか表れないのです。熟考顔は顔に出すことが憚れるわけではないため、熟考している数秒の間、顔に表れるのです。**

例えば、話し相手が「なるほど〜」と相槌を打ちながらあなたの話を聞いているとします。そのとき、一瞬だけ眉が下がれば、それは怒りの微表情の可能性が高く、「なるほど〜」と言っている間、眉が下がり続けていたら、それは熟考の可能性が高いと考えられます。

つまり、熟考の場合、「なるほど〜」という言葉とは裏腹に、あなたの話はちゃんと相手に理解されていない可能性が高いのです。

◆「驚き」の顔と「興味・関心・疑問」の表情は見分けにくい

次に**情報検索顔**です。

情報検索顔という名称も便宜的な呼称であり、専門用語ではありません。

情報検索顔とは、感情の働きとしては「驚き」を、認知的な働きとしては「興味・関心・疑問」を意味します。

驚きについては、万国共通な7表情のところで説明した通りです。興味・関心・疑問とは、何か目新しい情報に対してしばらくの間、意識が向いている状態のことです。

驚きも興味・関心・疑問も表情としては同じです。

「驚き」表情の特徴

①眉が引き上げられる
②目が見開く
③口が開かれる

なぜ、驚き表情と興味・関心・疑問顔とが同じ特徴になるのかというと、両者ともに情報検索が必要になるからです。例えば、何か大きな音がすると、私たちは眉を上げ、目を見開き、口を開け、その音がした方向へ振り向きます。状況をよく見て、何が起きたのか、その音の原因は何なのだろうかと情報を検索します。

その検索が瞬時に終われば、それは「驚き」という感情になります。「なんだろ〜」としばらくの間、情報検索が続けば、それは「興味・関心・疑問」という認知的な働きとなるのです。

この両者の顔の動きは、顔の動きの特徴の数と顔の動きが表れている継続時間で区別するのが実用的です。驚きの場合、顔の動きの特徴①〜③が顔全体に、もしくは①〜③が部分的に顔に表れる傾向にあります。驚きとして顔に表れている時間は、1秒以下か0・2秒以下の微表情となります。

興味・関心・疑問の場合、①〜③が顔全体に、もしくは①〜③が部分的に顔にしばらく表れる傾向にあります。この顔の動きは、情報検索が終わるまで続きます。

◆感情のブレや頭がいっぱいいっぱいを示す顔の動き

感情のブレや頭がいっぱいいっぱいの顔とは、①感情を抑制しているとき、②頭をフル回転させているときに見られる顔のことです。ここでは便宜的に①を感情抑制表情と呼び、②を認知高負担顔と呼ぶこととします。

カテゴリーとしては集中顔にも被るのですが、解釈と顔の動きのバリエーションに特異なところがあるため、集中顔とは別に説明します。

感情抑制表情とは、何らかの感情を抑制しているときの表情です。認知的高負担顔とは、頭をフル回転させて考えなくてはいけないときの顔の動きです。

両者の顔の動きは、同じで、見た目から区別することができません。

顔の動きの特徴

①えくぼをつくる
②口角が引き下げられる
③下唇が引き上げられる
④唇が上下からプレスされる

他にも、唇を噛んだり、唇がすぼめられたり、唇がゆがめられたりする動きが観察されています。これらの動きが一緒に表れるというよりは、①だけ、②と③だけ、といったように個別に表れることが多いことがわかっています。

観察するときに注意するべきことがあります。②と③は悲しみの表情と、④は怒り表情と同じ動きのため、状況からそれらの感情の表れなのか、感情抑制表情なのか認知高負担顔なのかを判断する必要があります。**様々な研究から、この二つの顔の動きはウソをついている者の顔に観られる動きであることがわかっています。**

◆目は口ほどにものを言う

最後に顔の表情と並んでしっかり観察したい顔の情報を説明します。

それは**目の動き**です。

目の動きを二つに分類すると、①瞬き、②眼球の動きに分けることができます。

瞬きの基本的な機能は、目に適度な潤いを与えるためです。しかし、こうした物理的な機能以外にも心理的な機能があります。

それは緊張です。**緊張すると瞬きは増加します**。集中していると瞬きは減少します。

ただし、瞬きはちょっとした環境の変化によっても増減が起き得るので、物理的な要因なのか心理的な要因なのか、その解釈には注意が必要です。私が某テレビ番組である人物の表情分析をしていたときのことです。

「今、瞬きが増加しました。緊張です。この話題は緊張を引き起こす出来事のようです」

と解説しました。しかし、私の解説を見ていた方から「清水さんの瞬きの方が凄かったよ」と指摘されました。確かにＶＴＲを確認したら私の瞬きの量の方が、私が表情分析をしていた方の瞬きの量よりも多かったのです。それはなぜか。私も緊張していたのでしょうか。

実は私に当てられた照明が明るすぎて、瞬きの量が増えてしまったのです。同じようなことは、表情分析の収録講義を撮影しているときにも起こりました。照明が明るすぎて瞬きがいつもよりも多くなってしまったのです。

もちろんこれらは目に適度な潤いを与えるための物理的な機能の表れです。他にも風が強い日に目にゴミが入り、それを出すために瞬きを増加させることもあります。目という繊細な部分を守るゆえ、**瞬きの増減はちょっとした環境の変化によって起こります。目の前で起きている瞬きが、物理的な機能ゆえなのか、心理的な機能ゆえなのか、解釈には注意が必要なのです。**

◆眼球の動きにも真実が現れる

次に**眼球**の動きについて説明します。

①話し相手の目線が「上を見たり、下を見たりする」
②話し相手の目線が「一点を注視している」

これらは何を意味するのでしょうか。

これらは原則的には「集中」を意味します。会話をしているとき、何かを考えなくてはいけなかったり、思い出さなくてはいけなかったりするとき、目線を会話相手に向けたままだと集中できません。それは**視覚情報が集中の邪魔になる**からです。

天井を見上げたり、床に目線を落とせば、正面を向いたままよりも視覚情報が少ないため、自分の頭の中に意識を向けやすくなるのです。

この極めつけが「目を閉じる」です。

目を閉じることで完全に視覚情報をシャットアウトして意識を集中することができるのです。中には集中するために、正面を向いたまま目線をどこか一点に固定する人もいます。これも上下に目線を向けるのと同様、なるべく視覚情報に邪魔をされないようにするために、どこか一点を見つめ、周辺視野をぼやけさせ、自分の中に意識を向けるのです。

「目の動きでウソがわかる」ということを度々耳にしますが、現代科学の知見では、特別な機器を使用しない限り、目の動きだけでウソを見抜くのは不可能です。しかし、目の動きと話の内容とを合わせて考えることでウソを見抜くことが可能な場合があります。

こんな事例があります。

夫が自宅で死亡していたのを妻が発見しました。第一発見者の妻は、夫がいつも夜、何時にお風呂に入って出るのかについて証言していました。

「いつもだったら9時にお風呂から出て来るのに、出てこないから……」

夫の日々の行動パターンを説明しているとき、妻は目をやや強く閉じて証言していたのです。ここに不自然さがあります。決まりきった夫の日々の行動を説明するのに、目を閉じなくてはいけないほど集中する必要があるのか、ということです。

結論としてはこの妻はウソをついており、妻が夫を殺害していたことが後に判明しました。

目線が上下に向かう、どこか一点を注視している、目が閉じられる。

こうした集中している様子が見られたら**「この内容は集中を要する話題だろうか?」**と考えてみると相手の本音が見えてくる可能性が高まります。

微表情を見抜く練習問題

それでは、様々なエクササイズを通して表情の読みとりスキルを身に付けていきましょう。

エクササイズ① 顔の一部から表情を読みとろう

問題：①～④はそれぞれ何の表情を示しますか。万国共通な7表情の中から特定してください。

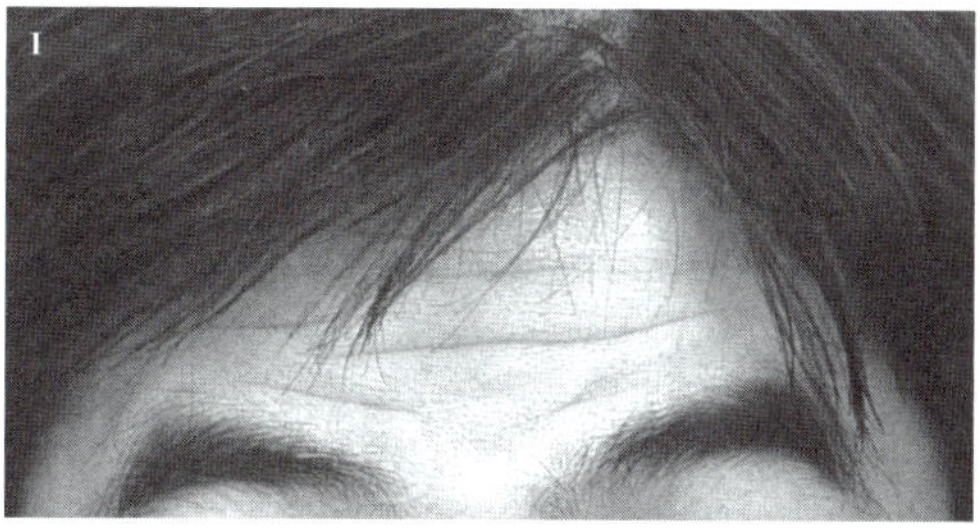

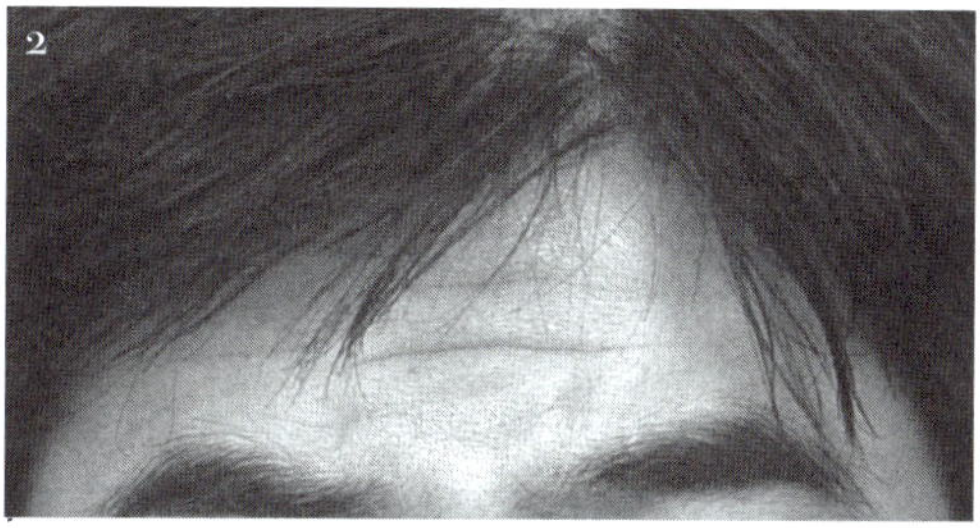

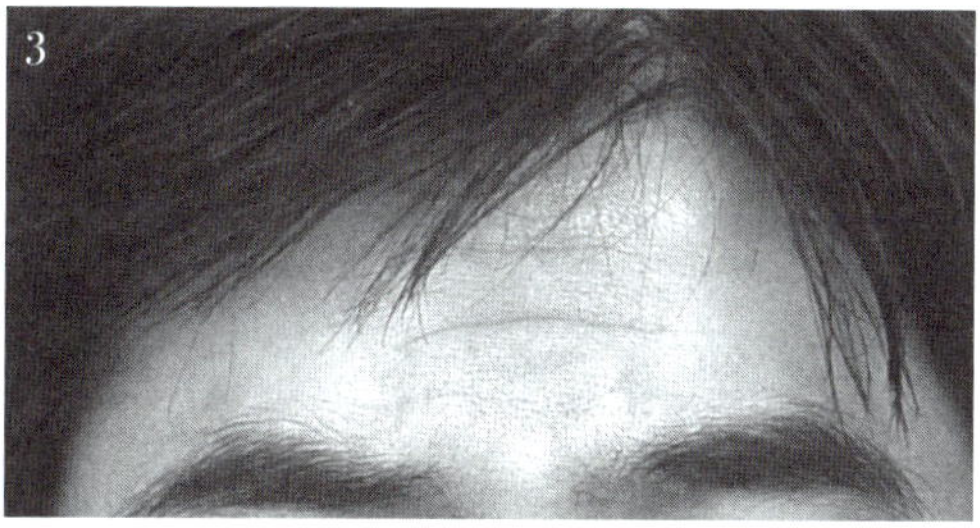

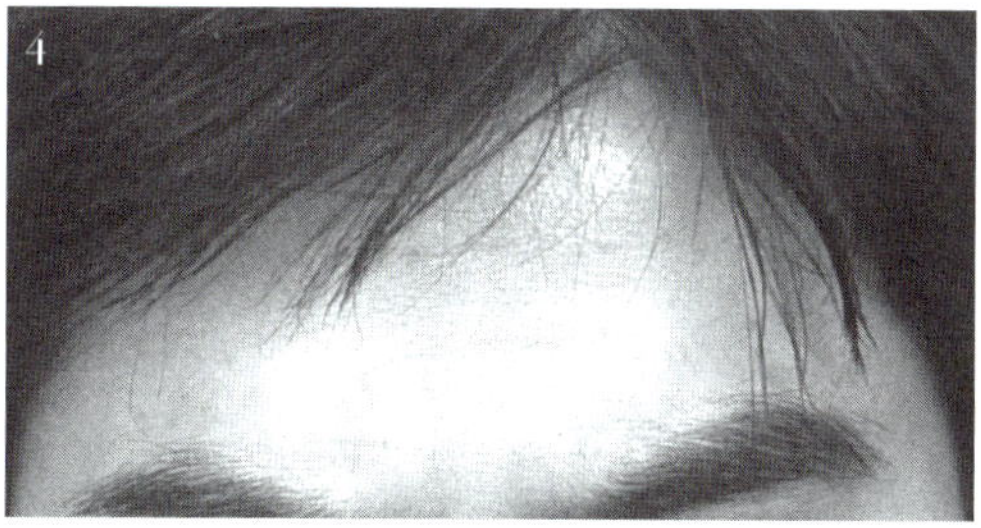

解答・解説

①**驚き**→額全体に水平のしわが広がっているのがわかると思います。これは眉が引き上げられることによって形成されるしわです。しわが額の両端まで広がっている点に注意してみてください。

②**恐怖**→額中央部に波型のしわが刻まれているのがわかると思います。これは眉が引き上げられ同時に中央に引き寄せられるという動きによって形成されるしわです。驚きのしわとは異なり、しわが中央部にしかないのが特徴です。また通常、弓型の眉がカギ型をしています。これも恐怖表情の特徴です。

③**悲しみ**→額中央部に山型のしわがあるのがわかると思います。これは眉の内側だけが引き上げられることによって形成されるしわです。通常、悲しみの場合、眉の形はハノ字になるのですが、このモデルのように眉がハノ字を形成しない場合があります。様々な特徴を手掛かりに表情を特定しましょう。

④**怒り**→眉間にしわがあるのがわかると思います。これは眉が中央に寄りながら引き下げられるために形成されるしわです。眉は逆ハノ字の形をとります。

エクササイズ②　微妙な表情を読みとろう

問題：①～④はそれぞれ何の表情を示しますか。万国共通な7表情の中から特定してください。

1

2

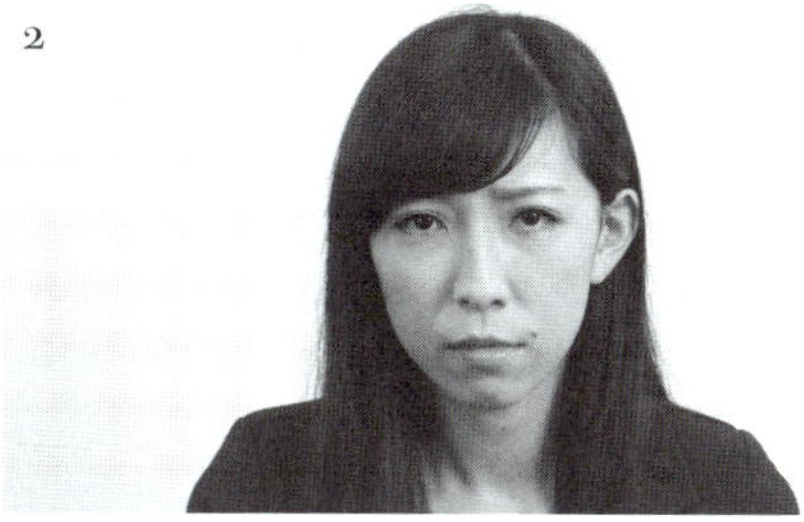

3

4

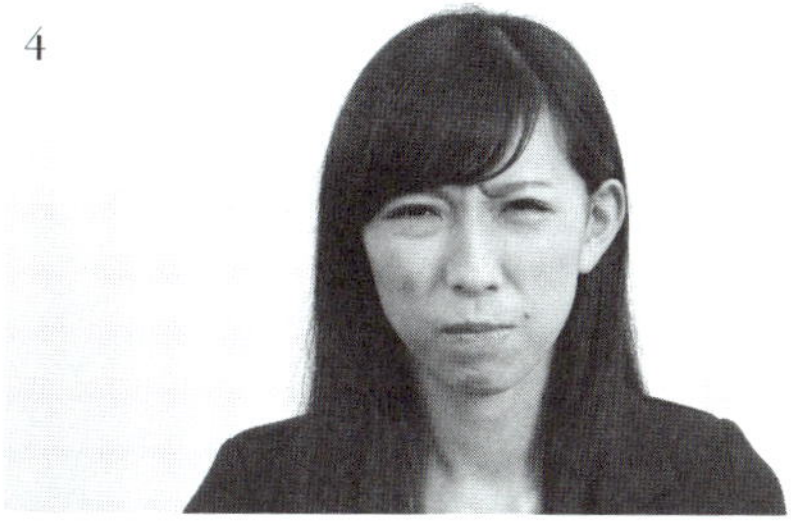

解答・解説

①**恐怖**↓眉が引き上げられ、目が見開いているのがわかると思います。一見するとこれらの特徴だけからは、驚き表情のように見えます。しかし、下まぶたが緊張している様子を観てください。下まぶたに力が入ることで下まぶたが虹彩《こうさい》に重なっているのがわかります。目の見開きと下まぶたの緊張は、恐怖表情の特徴です。

②**悲しみ**↓眉の内側部分だけが引き上げられ、下唇が引き上げられ、あごにしわができているのがわかると思います。これらの特徴は悲しみです。

③**驚き**↓眉が引き上げられ、目が見開いているのがわかると思います。①の表情とは異なり、下まぶたに緊張が観られません。これは驚きです。

④**怒り**↓眉が中央に寄りながら引き下げられ、まぶたに力が込められています。また口の周りをよく観ると、唇が上下からわずかにプレスされているのがわかると思います。これらの特徴からわかる感情は、怒りです。

エクササイズ③　複雑に入り混じった表情を読みとろう

問題：①〜④はそれぞれ何の表情を示しますか。万国共通な7表情の中から特定してください。

1

2

3

4

解答・解説

①幸福＋悲しみ↓口角が引き上げられています。これは幸福表情の特徴です。眉は内側部だけ引き上げられています。これは悲しみ表情の特徴です。この表情から単純に「この人物は幸福と悲しみを同時に抱いている」と判断してはいけません。嬉し泣きなどで、本当に2つの感情を感じている場合もありますが、悲しみを幸福表情で隠しているだけかもしれません。表情以外の情報からどちらの状態かを判断する必要があります。

②幸福＋嫌悪↓口角が引き上げられています。これは幸福表情の特徴です。鼻にしわが寄っています。これは嫌悪表情の特徴です。臭いものが好きな人などは、幸福と嫌悪を同時に感じるかも知れません。何か美味しくないものを食べて、愛想笑いを浮かべているだけかもしれません。表情以外の状況から判断しましょう。

③幸福＋怒り↓口角が引き上げられています。これは幸福表情の特徴です。眉が中央に引き寄せられ、眉間にしわができています。これは怒り表情の特徴です。幸福と怒りを同時に感じる状況は稀だと思われます。おそらくこの人物は怒りを幸福表情で隠しているのだと思われます。

④幸福＋軽蔑↓口角が引き上げられています。これは幸福表情の特徴です。表情モデルの左の口角が右よりも高く引き上げられています。これは軽蔑表情の特徴です。軽蔑や優越感を感じな

がら喜びを感じている場合もあれば、軽蔑表情を隠すために幸福表情を浮かべている場合も考えられます。

エクササイズ④ 会議についていけてないのは誰だ?

問題:下の画像は会議中の場面です。

ファシリテーターが会議を進行しています。画像の4人はその進行に耳を傾けています。この4人の中の1人が、ある特徴的な顔の動きを3秒ほど続けていました。

そこからその人物が会議の進行についていけていないと推測できます。それは誰でしょうか。

解答・解説

正解は、**②の男性**です。

眉が中央に引き寄せられながら下がっています。これは怒り表情か熟考表情ですが、会議という場面と顔の動きが3秒間続いていたという情報から、熟考表情の可能性が高いと考えられます。特別な事情、例えば「地位が高い」「感情を自由に表現するのが推奨される社風」といった事情がない限り、会議という公の場で、たとえ怒り感情が生じても、怒り表情を前面に表す人は少ないはずです。

そのため、怒り感情が生じてもその怒りは抑制され、微表情として表れる可能性があります。微表情だとすれば、0・2秒ほどしか顔に表われないため、今回のケースでは怒り微表情ではない可能性が高く、熟考表情であると考えられます。

もちろん会議の他のメンバーが普通の表情をしていることからといって、会議の内容を100%理解しているとは言い切れませんが、少なくとも②の男性は、ファシリテーターの言葉を理解しきれておらず、進行についていけていない可能性が高いと考えられます。

不動明王の顔に刻まれた仏の本音

表情という情報から人々の多彩な感情状態を推察することができます。しかし表情という情報は、私たち生身の人間だけでなく、歴史上の人物の表情や美術品、仏像の感情も教えてくれます。みなさんは次の仏像からどんな印象を受けられますか。

怒り……だけでしょうか。

この仏像は、お不動様ですから、いわゆる忿怒《ふんぬ》顔というお顔をされています。

しかし、もっとよくお顔を拝していると様々な表情が観えてきます。

眉は中央に引き寄せられ下げられています。これらは怒りの特徴です。額に目を移すと、額中央部にしわがあります。これは恐怖表情の特徴です。口に目を落とすと、口角が引き下げられています。これは悲しみ表情の特徴です。

表情の特徴からこのお不動様は、怒り、恐怖、悲しみを感じていることが推察できます。お不動様について解説している書と照らし合わせると、お不動様の感情の意味が理解できます。解説書の内容を簡単にまとめると次の通りです。

「お不動様は、怒り表情をして私たち衆生《しゅじょう》を恐れさせてでも仏道を理解してもらおうとします。しかし、本当に私たちが仏道を信じないことを、また仏道にとどまれない可能性に不安（恐怖）と悲しみを同時に感じている」

お不動様の想いと表情が見事に一致していると思いませんか。このように表情を読みとれると、私たち人の顔を超えて様々な対象の想いを推し量ることができるのです。

ところでこんな怖い顔をしているお不動様ですが、普段はきっと凄く優しいニコニコ顔をしているのではないかと、私は思っています。その痕跡が目尻に表れていますよね。

CHAPTER 3

第3章

とっさの「動作」から相手を見抜く

◆真実を示す「とっさの動き」はコントロールできない

本章では、無意識的に動いてしまう、動かしてしまう身体《からだ》の動きについて説明します。

一般的に**ボディランゲージ**と呼ばれているものです。

具体的には、微動作、イラストレーター、マニュピュレーター、姿勢について説明します。

顔の動きと同様、私たちの身体は何かを感じると何らかの動きを見せます。私たちの身体は、自然に振る舞うときにはどう動き、本音を隠そうとしているときにはどう動くのでしょうか。

逆に本音を隠そうとしているときには、どんなふうに身体が動かなくなるかも大切です。

頭の中で描かれていること、感じていることと、身体の動きとの関係を知ることで、他者の大まかな感情と思考枠組みを見定める観察眼を鍛えることができます。

◆無意識にしてしまう「かすかな動作」にはヒントが満載

ここまで読まれてきた方の中には、こんな期待を抱かれている方がいるかもしれません。

「微表情をキャッチすることができれば、人の心の中を見透かすことができる！」

結論から言いますと、それは誤解です。微表情は抑制された感情を読むためのもので、心まで瞬時に読みとれるわけではありません。

それはどういうことでしょうか。ある実例から考えたいと思います。

ある男性スポーツ選手がドーピングの容疑をかけられました。その選手はテレビのインタビュー番組に出演して身の潔白を訴えていました。そのときの選手と質問者とのやりとりは次のようなものでした。

質問者：あなたはステロイドや筋力増強剤を使いましたか？

選手　：いいえ。

質問者：そうした薬物を使いたいという誘惑にかられたことはありませんでしたか？

選手　：んー ん、いいえ。

言葉のやりとり自体はこうしたものでした。

しかし、「いいえ」と答えている選手の顔の動きに注目すると、微表情やその他の顔の動きが起きていたのです。最初の「いいえ」のときの選手の顔には、**左の口角だけが引き上げられる軽《けい》蔑《べっ》の微表情**が浮かびました。次の「いいえ」のときの選手の顔には、**口の周りに力を入れた感情抑制の顔の動き**が浮かびました。

これらの微表情と顔の動きという情報から彼の心を読んでみてください。

彼は黒でしょうか。

彼がドーピングをしたと断定できるでしょうか。

答えは、「わからない」です。

それはなぜでしょうか。

彼の軽蔑の感情を解釈してみたいと思います。

軽蔑という感情は、他者を道徳的に低く見ているときや優越感を主張したいときに生じます。

彼はどうして軽蔑を感じたのでしょうか。主に2つの解釈があり得ると思います。

①自分はドーピングなどしていないのに、それを疑う質問者や世間を道徳的に低い存在として見なしている。

②自分はドーピングをしたけど、証拠が絶対に出てこない自信があるため、優越感を抱いている。

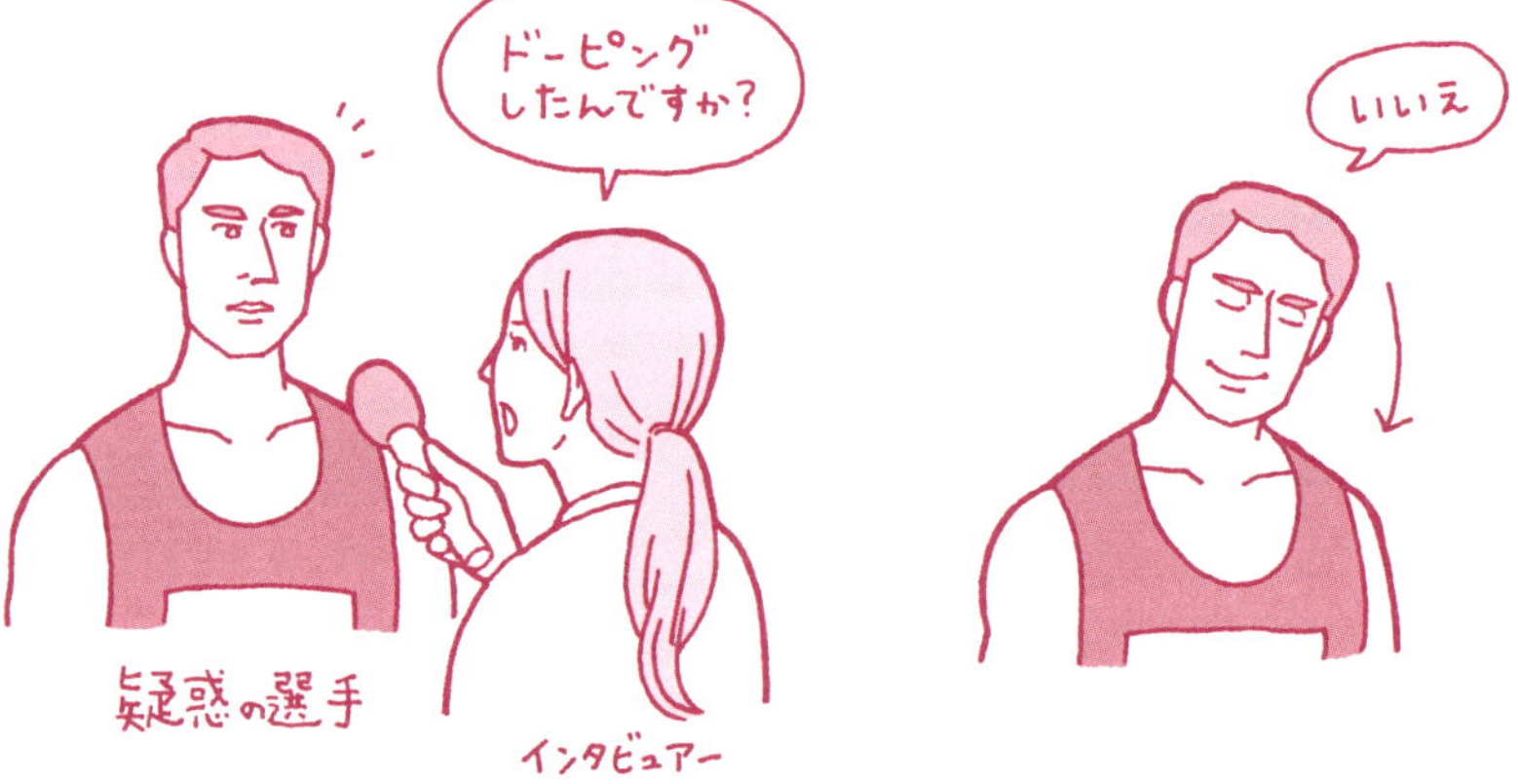

いずれの解釈でも軽蔑の微表情が生じる可能性があります。注意すべきことは、２つの解釈が全く相反しているということです。こうした場合、微表情という情報だけからは、彼の心、つまり、ここでいう①もしくは②を決めることができないのです。

それでは、どうしたら彼の本音に迫ることができるのでしょうか。

ここで動作が感情解釈の大きな助けとなります。

ずばり、彼が最初に「いいえ」と言ったとき、彼の首がわずかに縦に動いたのです。

このわずかな身体の動きを**微動作**と言います。**微動作とは「抑制された感情が『無意識』のうちに提示範囲外に表れる断片的な身体動作」のこと**を言います。提示範囲とは、アゴの下から腰の上を指します。私たちが通常ボディランゲージをする範囲だとされています。断片的というのは「微妙な動き」という大まかな意味で取りあえずとらえておいてください。

話を戻しますと、**彼の身体はステロイドを使ったかという質問に対して「うなずき」で反応してしまったのです。**もちろん「うなずき」の意味は、「はい」です。微表情を動作とともに観察することで②の解釈が妥当である可能性を高めることができます。

他者のウソを見抜こうとするとき、こうした相反する解釈という問題が生じます。

ウソをついている人は、ウソがばれるのに恐怖します。

ウソをついていなくても、ウソをついているのではないかと疑われれば、冤罪《えんざい》の可能性を人は恐怖します。

ウソをついている人は、ウソをついている自分に嫌悪します。

ウソをついていなくても、ウソをついているのではないかと疑われれば、疑いをかけられていることに嫌悪します。

ウソをついている人は、ウソをついていることに罪の意識を感じます。

ウソをついていなくても、ウソをついているのではないかと疑われれば、そんな状況に自分の身を置いてしまったことに罪の意識を感じます。


このように相反した解釈が十分にあり得るのです。もちろん状況によっては、微表情だけで、ある程度、相手の心を解釈したり推定したりすることができる場合もありますが、先のように全く相反するような解釈ができる場合もあり、**微表情というたった1つの情報のみに頼るのでなく、動作、そして次章以降で説明する声・言葉・質問法を合わせてトータルで考慮する必要があるのです。**


ところで、このスポーツ選手のドーピング疑惑の結末がどうなったかと言いますと……黒でした。このインタビューの放映後、少し期間を置き、彼は自らドーピングしたことを認め、謝罪しました。

ウソをついている人の顔には微表情が浮かぶ傾向にあることは確かです。

しかし、「ウソを見抜く」といった一歩間違えれば相手との関係性を危うくしたり、相手の人生を台無しにしてしまうような状況においては、表情だけでなく、様々な情報を総合的に考慮に入れる必要があるのです。

◆万国共通な5つのジェスチャー

前章で説明したように、抑制された感情や想いは、微表情として一瞬だけ、もしくは微妙な顔の動きとして表れるということでした。そして私たちがある感情を感じるとき、いつでも、どこでも、誰にでも同じ表情筋の動きを伴って表情として顔に表れるということでした。

それでは動作、ボディランゲージはどうなのでしょうか。

書店に行けば、ボディランゲージから他者の本音を読みとろうとする書籍が山ほどあります。問題なのはそうした本のほとんどが、経験則による解釈であったり、欧米人のボディランゲージをそのまま日本人にも当てはめていることです。ここでは、**万国共通のボディランゲージ**について考えます。もう少し具体的に言いますと、**万国共通なジェスチャー、そして微動作（マイクロ・ジェスチャー）**についてです。

ジェスチャーは日本語では「しぐさ」と訳され、文化的に異なるのが普通です。

「文化的に異なるジャスチャーでも、万国共通のジェスチャーはあるのだろうか」と、2010年にディビッド・マツモト率いる研究者チームによって大規模な調査がなされました。

調査の方法は、様々な文化圏に属する人々に「〇〇なときどんなジェスチャーをしますか?」と尋ねて、実際にそのジェスチャーをしてもらったり、モニターに映し出されたジェスチャーの意味を答えてもらったりする形式でした。

調査の結果、5つのジェスチャーがほぼ万国共通に知られ、実際に使用されているということがわかりました。それらのジェスチャーとは、**「はい」「いいえ」「こっちに来て」「あっちに行って」「止まれ」の5つ**です。

ただしこれらのジェスチャーは表情とは異なり、生得的なものではなく、マスメディアなどを通して学習した習得的なものであると考えられています。

その理由として、①これらのジェスチャーがもともとはマスメディアとして影響力の大きい西欧人のジェスチャーであること、②視覚障害の方々がこうしたジェスチャーをすることが確認されていないこと、③例外的なジェスチャーをする民族が存在すること、が挙げられています。

こうしたことに留意しつつ観察する必要があります。

それでは調査の結果、判明した万国共通の5つのジェスチャーを説明します。

◆「はい」と「いいえ」の動き

「はい」を示す動き:

首を縦に振る(頷《うなず》く)

「いいえ」を示す動き：
首を横に振る

話し手の発言内容に対して肯定したり、否定したりするときに見られる聞き手の動作です。時に、話し手が自分の発言内容に自身で納得するためにこの動作をすることもあります。

この「はい」と「いいえ」を示す動きは、全世界的に共通して見られるジェスチャーですが、例外的に逆のジェスチャーをする文化圏もあります。

インドとブルガリアです。インドとブルガリアの人々は、肯定を示すときに首を横に振り、否定を示すときに首を縦に振ります。

ただし、ブルガリアの若者やブルガリア人でも日本に長く滞在している人が、肯定の意思表示をするときに首を縦に振っている現象を何度も私は見たことがあります。

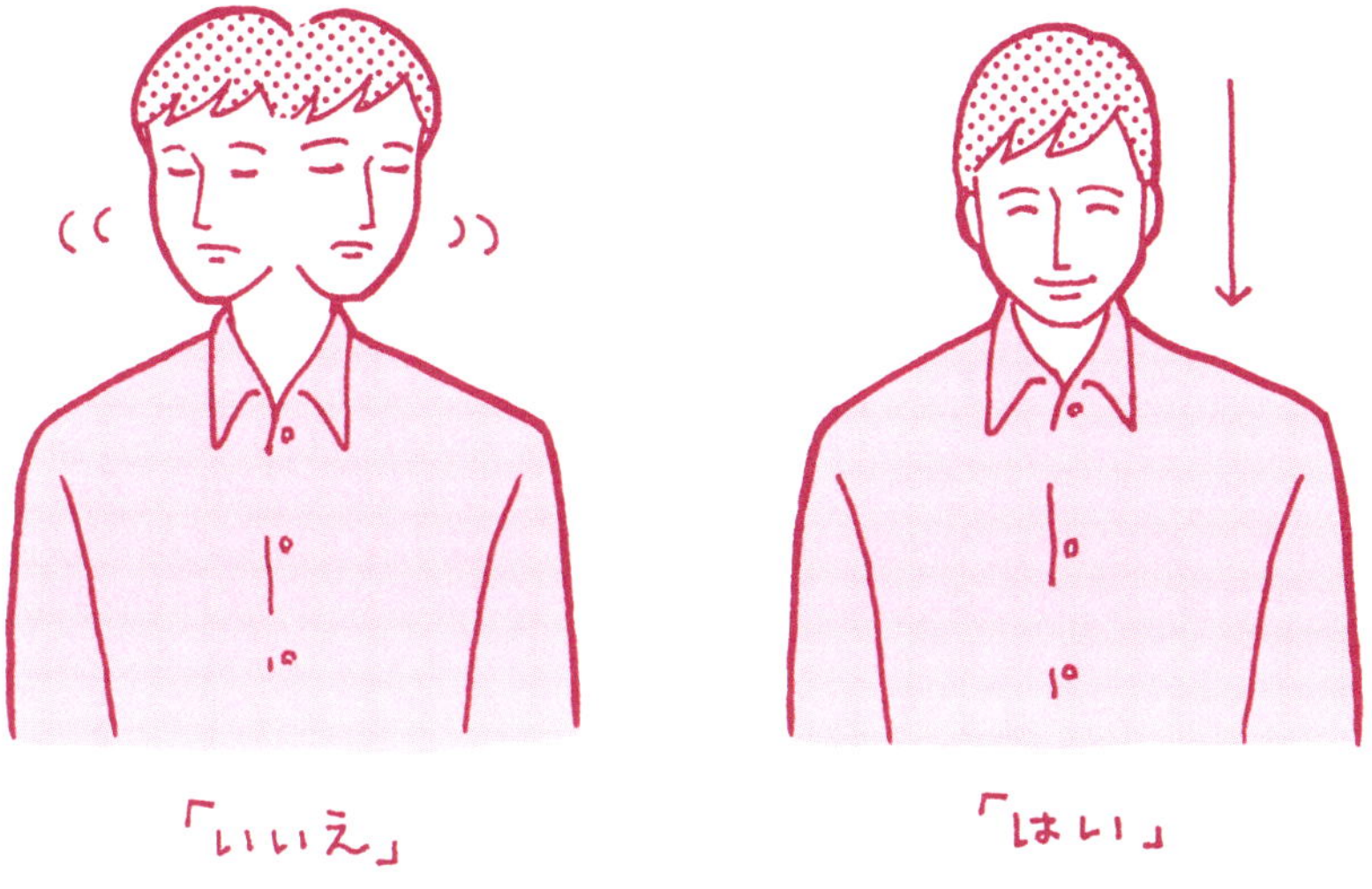

ジェスチャーは習得的ゆえに、時代や環境に応じて変化するようです。

◆「こっちに来て」の動き

「こっちに来て」を示す動き：

パターン①　手を広げる＋手のひらを上に向ける＋親指以外の４本の指を自分の方へ向かって繰り返し動かす

パターン②　手を広げる＋手にひらを下に向ける＋親指以外の４本の指を自分の方へ向かって繰り返し動かす

欧米人は、パターン①を使う傾向にあり、私たち日本人はパターン②を使う傾向にあります。

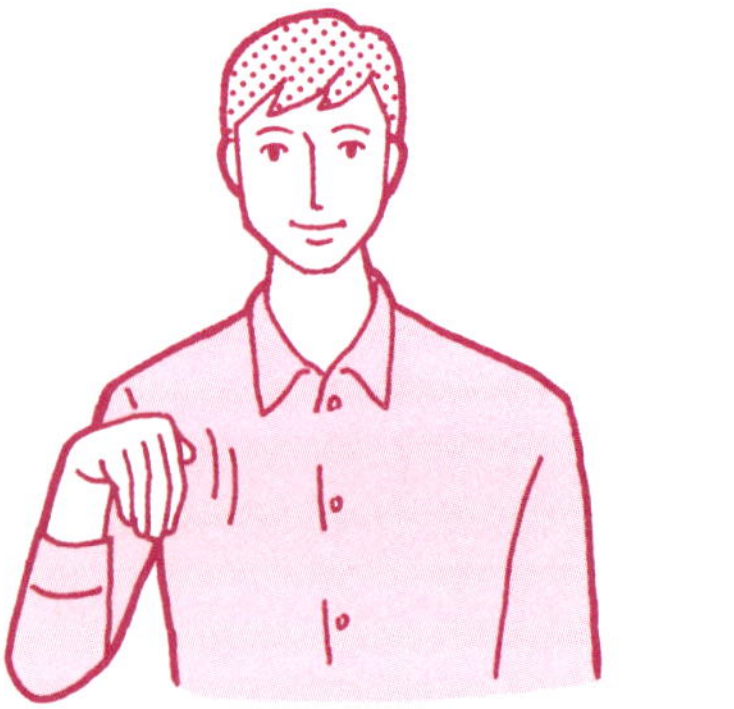

「こっちにきて」パターン②

「こっちにきて」パターン①

◆「あっちに行って」の動き

「あっちに行って」を示す動き：対象の方向へ腕を上げる＋人差し指でその方向を指す＋人差し指以外の指を曲げる

欧米人は「こっちに来て」のパターン②の動きを、「あっちに行って」の意味で使うことがあります。

私たち日本人は、欧米人のそのジェスチャーを見て、「こっちに来て」という意味に取り違えることがあります。

◆「止まれ」の動き

「止まれ」を示す動き：
手のひらを対象物に対して向ける＋腕を伸ばす

自己の見解を述べている人が、相手にまだ発言権を与えたくないときなどにも見られます。また自己の見解を強調し、相手を説得するために行う「押し込む」意味のジェスチャーとしても解釈できます。このジェスチャーは会見やディベートの場などでよく見られます。

以上の5つのジェスチャーが世界中の人々に共通の意味と動きを伴ってなされます。

先のスポーツ選手の例に登場した微動作は、このジェスチャーの断片的な表れです。微動作とは、英語で**マイクロ・ジェスチャー**と訳され、**通常ならば**

「止まれ」

自然になされるジェスチャーが抑制されたときに表れる現象です。

微動作は、万国共通性の高いこれら5つのジェスチャーをはじめ、文化特有の様々なジェスチャーの断片的な表れとして、私たちの身体に生じ得るのです。私の経験上、万国共通のジャスチャーの中でも、「はい」「いいえ」「止まれ」の微動作が多くの日本人に観察される傾向にあります。

◆無意識に動く身体からのメッセージをキャッチする

ところで、何らかのメッセージを他者に伝えようとしているときや、何かを考えているとき、自身の手がどのように動いているか気にしたことがあるでしょうか。

少し注意してみると、驚くべきほどに多彩な動きをしています。

- **手を大きく動かし、熱意を伝えようとする。**
- **「これくらいの大きさのボールが……」と言いながら、ボールを描く。**
- **「秘訣は2つ!」と言いながら、2本指をつくる。**

これらの動きは**イラストレーター**という現象です。

・**マイクの端を弄《もてあそ》んでいる。**
・**ポケットの中を意味もなく探りながら話す。**
・**顔をさすっている。**
・**貧乏ゆすりや机をタップする動きがクセになっている。**

これらの動きは**マニュピュレーター**という現象です。
イラストレーターは空中に絵を描く動作で、マニュピュレーターは自身の身体に絵を描く動作と言えます。両者のボディランゲージについて詳しく見ていきます。

◆思考を視覚化する「イラストレーター」

イラストレーターとは、自分の話していることを自分の身体を使って視覚化することです。

「思考を視覚化するときに見られる手ぶりと身ぶり」と大まかに理解しておけばよいでしょう。
イラストレーターは、主に手と眉を使ってなされます。イラストレーターの身近な例として次のようなものがあります。

・強調したい単語やフレーズを言うときに、眉を引き上げたり、引き下げたりする。
・3つの論点があるときに、「論点は3つあります」と言いながら、3本指を立てる。

・注目している対象に指を指す。
・人・モノ・動物などの動きを真似したり、その形を両手で描く。
・A地点からB地点までの空間的な位置づけを両手で表す。
・手でリズムをとる。

イラストレーターは世界中の誰もが行う動作だと考えられていますが、使用頻度や動きの大きさは文化の影響を受けます。アジア諸国に比べ西欧諸国の人々の方が、イラストレーターの使用頻度は多く、大きさも大きい傾向にあります。

イラストレーターとウソとの関係を調べた研究によると、ウソをついている者はイラストレーターの使用頻度が低下することがわかっています。その理由は、空想の話を視覚化することができない、作り話をすることに集中し過ぎて動作まで自然な身ぶりになるように意識が及ばない、からです。

しかし、イラストレーターの使用方法には個人差があり、単に疲れていたり、メッセージを伝える意思が弱いために話し手にイラストレーターが表れないこともあるため、イラストレーターが表れない理由を即断することは避けなくてはいけません。

◆安心や心地よさを得るための「マニュピュレーター」

次にマニュピュレーターです。

マニュピュレーターとは、自分の身体の一部を触れる動きのことです。例えば、さする、押す、掻《か》く、噛《か》む、唇を吸い込む、唇を舌で舐《な》める、頬《ほお》を膨らませる、などがあります。

女性が緊張しているときに自分の喉の下あたりをさすったり、買い物客が商品を買おうかどうか検討しているときに頬をさすったりしているのを見たことがあると思います。

これがマニュピュレーターです。

貧乏ゆすりをする、机をタップする、ペンをいじる、目の前の紙をいじる。こうした動きはマニュピュレーターの厳密な定義からは外れます。しかし、こうした自己の身体を使って、自己の身体が届く範

囲のモノを弄ぶ行為もマニュピュレーターの延長上にある行為だと考えられています。

マニュピュレーターの多くは、明確な目標に向かって意図的になされるものではありません。**安心や心地よさを得るために行われる無意識の動き**です。否定的な感情の表れ、リラックス、興奮状態、さらに個人的なクセを反映して表れます。

私たちはマニュピュレーターを多く行う人をウソつきであるとみなす傾向がありますが、マニュピュレーターはウソのサインではないことが証明されています。マニュピュレーターは、いわば「感情のブレ」です。

感情が高まる、もしくは低下するときに、私たちはマニュピュレーターをします。したがって他者のマニュピュレーターに気付いたときは、そのマニュピュレーターのみから、その人がどんな感情状態にいるのかは判断できませんが、**感情が安定していない可能性が高い**と言えます。どう安定していないかについては、その人が置かれている状況やその他の非言語・言語情報から類推するしかありません。しかし傾向的にはマニュピュレーターは、恐怖・不安・迷い・緊張・恥じらい・照れを感じるときに生じやすいことがわかっています。

◆人間と動物に共通する「自信のある姿勢」と「ない姿勢」

私たちが普段とる「姿勢」は、感情と様々な関連があることが知られています。

私たちがある感情状態にいるときにどんな姿勢になるかに関して様々なことが知られています。

しかし各感情状態を表情ほど明確に区別することが難しいため、大まかにその意味を理解することが便宜的だと思います。

具体的には、ある姿勢がポジティブ傾向なのか、ネガティブ傾向なのかを見分けられるようになることです。これはそれほど難しいことではないため、少し注意すれば気づくことができます。

ところで姿勢と感情との関係というのは、万国共通なのでしょうか。

大まかにとらえればイエスということができます。

興味深い2つの研究を紹介します。

パラリンピックの柔道の試合において、視覚障害の選手らが勝利したときと敗北したときのボディランゲージが記録され、それぞれのボディランゲージが目の見える選手らのボディランゲージと比較されました。

分析の結果、次のことがわかりました。

競技に勝利した視覚障害の選手らは、「頭が上がる」「笑顔になる」「拳《こぶし》がつくられる」「腕が持ち上がる」「胸が張られる」「胴体が正面に押し出される」という姿勢を見せました。**これは目の見える選手が競技に勝利し、誇り感情を感じているときとほぼ同じものであることがわかりました。**

一方で競技に敗北した視覚障害の選手らは、「胸が身体の内側に向けられる」「肩が落ちる」という姿勢を見せました。**これは目の見える選手が競技に敗北し、恥感情を感じているときとほぼ同じ姿勢であることがわかりました。**

この研究からわかることは、**誇り・恥感情に関して私たちは万国共通な姿勢をとる**ということです。

誇りを示す姿勢を大まかにとらえると、身体を大きく見せる姿勢と考えることができるでしょう。恥を示す姿勢を大まかにとらえると、身体を小さく見せる姿勢と考えることができると思います。

実はこれらの姿勢と感情との関係は、人間以外の動物にも観察されています。

例えば、チンパンジーが自分の力を誇示するとき、胸を張り身体を大きく見せます。力を誇示しているチンパンジーに従おうとする他のチンパンジーは自分の身体を丸め、小さくなろうとします。他の類人猿や哺乳類《ほにゅうるい》、例えば、犬やネコにも似たような姿勢をとっている様子を見たことがあると思います。

誇りや恥感情の範囲を広げて解釈すれば、誇り＝ポジティブ感情は身体を大きく見せる姿勢として表れ、恥＝ネガティブ感情は身体を小さく見せる姿勢として表れると考えられるでしょう。そしてこれらの姿勢は、連綿と続く進化の過程で獲得し、誰もが同じ姿勢をとるようになったと考えることができます。

◆身体を大きく見せるとやる気が出る!?

もう1つ面白い研究があります。

身体を大きく見せ、自分の周りの面積を広くとる姿勢を2分間すると、ストレスホルモンであ

るコルチゾールが低下し、やる気に関連するテストステロンが増加することがわかりました。

逆に身体を小さくし、自分の周りの面積を小さくとる姿勢を2分間すると、コルチゾールが増加し、テストステロンが低下することがわかりました。

つまり、**誇り姿勢をとれば、ストレス耐性がつき、やる気がみなぎってくるということです。姿勢がホルモンレベルまで影響を及ぼしていることを示す好例です。**

ボディランゲージを扱う様々な書籍に「両腕を腰に当てる（アームアキンボー）の姿勢は威圧のサイン」「腕組は否定・防御のサイン」などと書かれています。

それらの動作や姿勢がどれほどそうした具体的な意味を持ち得るかはわかりません。

したがって、身体が大きく見える姿勢＝ポジティブ、身体が小さく見える姿勢＝ネガティブ、と大まかにとらえておくことが望ましいでしょう。

姿勢はホルモンバランスに影響を及ぼす！

微動作を見抜く練習問題

それでは、様々なエクササイズを通して動作の読みとりスキルを身に付けていきましょう。動作を正しく読みとるには、大まかにとらえることが大切です。

エクササイズ①　万国共通のジェスチャーからウソとホントが読みとれるか?

状況：ある事実を隠しているのではないかと疑われている男性がいます。しかしその人は「そのことについて何も知らない」と言っています。あなたはその言葉を再度確認するように、その人に次のように問いかけました。

あなた：「あなたはそのことについて知らないのですか?」

彼：「(頷きながら)知りません」

問題：彼のジェスチャーから、彼の本音を推定してください。

解答・解説

正解から言いますと、推定不能、ということになります。

本問の趣旨は「解けないということに気付く」というものです。首が縦もしくは横に振られるというジェスチャーを、ウソ・ホント、好き・嫌い、知っている・知らないなどを含む情報の有無の推定に利用したい場合、日本語では、必ず肯定型で質問してください。肯定型で聞かないと本問のように推定ができなくなります。

「あなたはそのことについて知っているのですか？」と聞き、男性が「知りません」と言いながら、首を縦に振っていれば知っている可能性があります。頷きは、肯定を示す万国共通のジェスチャーだからです。首を横に振れば、このジェスチャーのみから「男性は事実を知らない」とは断定できませんが、少なくともこの質問に関しては男性の嫌疑はスルーできます。しかし、本問のように、

「あなたはそのことについて知らないのですか？」と聞いてしまうと、首を縦に振りながら、「(はい) 知りません」でも、首を横に振りながら、「(いいえ) 知りません」でも、日本語では意味が通ってしまうことから、ジェスチャーを判断材料に使うことができなくなります。こうした理由から、**情報の有無に関して単刀直入な質問をしたい場合、肯定型で質問することが必須《ひっす》なのです。**同様の問題を「コラム：言語の違いがジェスチャーの意味を変える」で紹介しています。参照してみてください。

エクササイズ② 声が聴こえない状況から話題を類推する

問題：2人の女性が何やら会話をしています。A～Cの動作からどんな話題の会話をしているかを推定し、①～④の中から選んでください。

A

B

C

①テーマパークの乗り物の話
②歩きスマホの是非についての話
③食事の盛り付け方の話
④最近体験した悲しい話

解答・解説

Ａの写真からは、紺色のジャケットの女性が、左手で何か乗り物のようなものが落ちるイラストレーターをしているのがわかると思います。Ｂの写真からは、同じく紺色のジャケットの女性が、左手でぐるぐる円を描くようなイラストレーターをしています。Ｃの写真からは、黒色のジャケットの女性が両手の手のひらを自分の方へ向け、何かが迫って来るようなイラストレーターをしています。

以上の情報により、①が正解の可能性が高いと考えられます。**実はこの女性たちは某有名テーマパークのジェットコースターに乗っているときの体験について語り合っているのです。**

ちなみに米国連邦捜査局（ＦＢＩ）では、本問のようなことを専門にしている職員がいます。その職員の共通点とは、皆、聴覚障害を持っているということです。聴覚障害の職員は遠方の犯罪容疑者の会話を口の動きから解読することができるので、犯罪に関わる会話がなされているかどうか判断することができるのです。

耳が聞こえない代わりに、視覚情報による非言語解読スキルに優れ、特に口の動きから相手の発言内容を理解することに長《た》けているのです。このため、このスキルはマイクが仕掛けられない場所や、仕掛けている時間がないときなどに迅速に対応することができるため重宝されているのです。

エクササイズ③ 2人の関係性は？

問題：この2人の関係を推定し、①～③の中から選んでください。

①姉弟である
②結婚4年目の夫婦である
③初対面の他人同士である

Dane Archer (1980). How to Expand Your S. I. Q. (Social Intelligence Quotient), M. Evans and Company, Inc. New York, pp. 49-50. より

解答・解説

まず両者の表情に注目すると、女性の目尻にカラスの足あとが観られます。男性の目尻は見えませんが、目が細められ、三日月型をしているところから、恐らくカラスの足あとがあると考えられます。次に距離感とボディータッチです。両者の距離は凄く近く、女性の肘《ひじ》が男性の肩に乗せられています。以上の点から、③の初対面の他人同士ではなさそうです。

女性の肘にもう一度注目してみましょう。みなさんは自分の上司の肩に肘を乗せることができますか？　もちろん、そんな失礼なことはできませんよね。このことから、**男性より女性の方が立場が上**であることがわかります。①の姉弟ならば、女性は姉でしょう。②の夫婦ならば、姉さん女房か、夫が尻にしかれているだけか。まだ①とも②とも判別できません。

男性の右手に注目すると、男性が自身のあごひげに触れています。マニュピュレーターです。このマニュピュレーターの意味を男性の笑顔とともに解釈すると、「恥ずかしさ」であると考えることができます。

さて、ここから文化的な解釈を挟みます。日本人の夫婦ならば、夫婦で写真を撮られることに恥ずかしさを覚える可能性がありますが、欧米はそうではありません。夫婦で写真に写るときは、正面を向き満面の笑みでポーズするのが一般的です。この情報を加味すると、男性の恥ずかしさは、姉弟ゆえに抱かれた感情であると考えられます。

したがって、**本問の正解は「①姉弟である」**ということになります。

エクササイズ④ 政府要人の表情から情報を読みとる

問題：以下の写真は、米国の特殊部隊が、ウサーマ・ビン・ラーディン氏の隠れ家を攻撃している様を見ている米国政府要人らの様子です。

番号の付いている要人らの表情や動作から、どんな情報を読みとることができますか？

解答・解説

①の人物は、**バラク・オバマ大統領**です。

上まぶたが引き上げられ、同時に下まぶたに力が入っていることから、**恐怖もしくは不安を抱いている**ことがわかります。

次に下唇の下にできた水平の線に注目です。これは「口角が水平に引かれる」「下唇が引き上げられる」「奥歯に力が入れられる」という動きが合わさると形成されます。これら口の動き、つまり口の周りに力を入れる動きから、**強い集中状態**にあることがわかります。

また「下唇が引き上げられる」動きは、**悲しみに関連する顔の動き**です。

動作の方に注目すると、両肩をすぼめて、自分の周りの面積を小さくとる姿勢をしています。**ネガティブな感情の表れ**です。

この画像のオバマ大統領の状態をまとめると、**作戦遂行中の米国特殊部隊を不安と悲しみを抱きつつも、強い精神集中を持って見守っている**。そんな様子がわかります。この画像のときに何に悲しみ、失望していたのでしょうか。この画像のみからはわかりません。

②の人物は、**デニス・マクドナー国家安全保障担当大統領次席補佐官**です。

③の人物は、**ヒラリー・クリントン国務長官**です。

マクドナー氏の表情に注目します。口が軽く開いているところから、**驚き**が読みとれます。

次に下唇を観ると、力が込められているのがわかります。これは口角が水平に引かれることによって生じます。

「口が縦に大きく開かれ唇に力が入れられる」もしくは「唇が閉じられたまま上下からプレスされている」、こうした場合の唇は、怒りを意味しますが、**今回のように口角が水平に引かれ下唇に力が入るパターンは、恐怖を意味します。**

動作に注目すると、腕が組まれ、面積を小さくとる姿勢がとられていま

す。**何らかのネガティブな感情の表れ**です。

次にクリントン氏です。上まぶたが引き上げられ、目を見開いています。ここから**恐怖心**があることがわかります。

片手で口を押さえています。これはマニュピュレーターです。**感情のブレが生じており、それを癒《いや》すためになされた動き**だと考えられます。また口を押さえる動きは、**何らかの言葉が口に出ないようにする動き**です。

おそらく何らかの驚くような事態を前にしつつも、それを口にするのが憚《はばか》れるような状況であったのではないかと考えられます。

ウソのサインのウソ・ホント
～視線をそらす、モジモジするのはウソのサイン？

「視線をそらす」
「モジモジと小刻みに身体を動かす」
「発話をためらう」
「声の音程が高くなる」

こうした行動を目の前の人がしていたらどう思いますか。

「ウソをついている！」と答えたくなるかもしれません。これらの行動は、一般の人々や警察官らが「ウソつき特有の行動と思うサイン」として様々な調査で共通に挙げるものです。しかしこれらの行動は、私たちが神経質になるとしてしまう行動です。ウソをつくとき私たちは確かに神経質にはなりますが、ウソをついていないのにウソを疑われれば神経質になります。

それではこれらの行動をどうとらえればよいのでしょうか。

まず、**視線をそらすことはウソつきの行動として科学的根拠を得られていません。**神経質な状態以外でも、物事を考えたり、記憶を思い出そうとすれば、私たちの視線は色々なところへ動きます。

突然ですが、読者のみなさんに質問です。

「昨日の晩ごはんは何でしたか？」

今、視線がどこかに動いたと思います（もしくは、視線は動かず目の前のどこか一点を注視して記憶にアクセスした方もいたと思われます）。

身体をモジモジさせるのはどうでしょうか。貧乏ゆすりや腕をさすったり、身づくろいをするような動きをしたり、顔をさわったりする行為です。これらの動きはマニピュレーターです。神経質になっている状態以外に、何らかの感情がブレているときに起きますが、これもウソつきの行動として科学的根拠は得られていません。

逆に、ウソつきは身体の動きを増加させるのではなく、減少させることがわかっています。

これらの動きの中で、発話をためらうと声の音程が高くなるという行動だけがウソつきの行動と関連が深いことがわかっています。

そうとは言っても、正直者と比べウソつきの方がそうした行動が多いというだけで、正直者が全くしないというわけではありません。ウソのサインとよく言われるものが様々ありますが、多くの場合、単なる誤解であったり、正直な人々もしてしまうものもあります。したがって一見、怪しい行動をキャッチしたとしても、ウソつきだと即断せず、なぜそうした行動がとられたのかを慎重に探る必要があるのです。

CHAPTER

第4章

相手の「声」から本音を見抜く

◆微妙な声の「トーン」と「スタイル」は言葉以上に雄弁

本章では声に込められた本音の察し方について説明します。

声に込められた情報は、言語情報と非言語情報の２つに分けられます。

言語情報とは、私たちが話す言葉そのものです。非言語情報とは、明確な意味を持たない声に関わる伝達情報のことを言い、トーンとスタイルの２つに分けられます。ここでは声の非言語情報に焦点を絞り、どのように微妙な感情や想いが声のトーンやスタイルに表れるのかを説明します。

声には**トーン**と**スタイル**というものがあります。

トーンとは、声の高低や音量などの音響的性質のことを言います。

スタイルとは、言葉を伴った話し方の特徴のことを言います。

この声のトーンとスタイルの組み合わせによって、私たちは様々な感情や想いを他者に伝えています。音が伝える感情や想いについて説明する前にトーンとスタイルの分類とその意味について整理しておきたいと思います。

音のトーンには、高低、音量、声色、響きの４つがありますが、感情や本音を察する上で大切なのは高低と音量です。高低とは声の高さ低さのことです。成人男性に比べ、女性や子どもの方が高い声をしているのがわかると思います。音量とは声の大きさのことです。大きな声やささやき声から感じられる声の力強さは異なることがわかると思います。

音のスタイルには、話すスピード、話す長さ、返答速度、ポーズ、スピーチエラーの5つあり、感情や本音を察するうえで全てが大切です。

①話すスピード　話がなされる速さ（通常1分間や1秒間に話される単語数によって測られる）のことです。

②話す長さ　話をしている長さのことです。

③返答速度　他者の発話に返答するまでにかかる時間のことです。

④ポーズ　言葉と言葉との間にある間のことです。ポーズはさらに2分類されます。音声ポーズと無声ポーズです。音声ポーズとは言葉と言葉の間を埋める「ん〜」「あ〜」「えっ〜と」などの明確な意味をなさない音のポーズのことです。無声ポーズとは言葉と言葉の間に無言な状態が続くポーズのことです。

⑤スピーチエラー　単語の繰り返し、口ごもり、文法上のミス、言い間違い、出だしの失敗などの言葉を発するうえで起こる様々な障害のことです。

こうした声のトーンとスタイルを通じて、感情や様々な想いがどのように表され、私たちは認識しているかについて様々な研究がなされています。特に声のトーンとスタイルから各感情を識別できることが多くの研究からわかっており、表情と同様に万国共通な現象であると考えられています。これより声と感情・思考との関係をまとめます。

幸福

声は高くなり、大きくなります。話すスピードは速くなります。

軽蔑《けいべつ》

声は低くなり、小さくなります。

嫌悪

声は低くなり、小さくなります。話すスピードは遅くなります。

怒り

声は高くなり、大きくなります。話すスピードは速くなります。

悲しみ

声は低くなり、小さくなります。話すスピードは遅くなります。

恐怖

声は高くなり、大きくなるか小さくなります。話すスピードは速くなります。

驚き

声は高くなります。話すスピードは速くなります。

また、認知的な負担が高まっているとき、つまり、頭がいっぱいいっぱいのとき、返答速度は遅くなり、ポーズおよび様々なスピーチエラーは増えます。

◆言葉にならない言葉「パラ言語」からウソが露呈する

声のスタイルの中の返答速度とポーズに関係するワードとして、**パラ言語**というものがあります。**パラ言語とは、端的に言うと、言葉にならない言葉のこと**を言います。

私たちは、返答に窮したり、思うような適切な言葉が見つからなかったりするとき、言葉に詰まることがあります。そんなとき、「え〜」「ん〜」「う〜ん」「あの〜」「その〜」というような言葉を発し、言葉と言葉との間をつなごうとします。

これらの明確な意味を持たない言葉がパラ言語と呼ばれるものです。言葉と言葉との間をつなぐ働き以外にも、軽蔑を感じている人が「フンッ」と鼻から抜けるような音を発することがありますが、これもパラ言語の一種です。

さて、こうしたパラ言語ですが、**パラ言語を発している人の本音とは何でしょうか。**

パラ言語の行間にはどのような意味があるのでしょうか。

何らかの質問に答えるまでになされるパラ言語と、言葉と言葉の間に置かれるパラ言語について注意すべき瞬間が多いため、この2つのケースに特化して説明します。

返答の間になされるパラ言語も、言葉と言葉の間に置かれるパラ言語も、基本的な理解としては「認知的な負担の高まり」、つまり、頭がいっぱいいっぱいな状況だと考えられます。

この頭がいっぱいいっぱいになる原因としては、返答のシーンならば、回答するのが難しい、質問の意味や意図を考えている、適切な言葉を探している可能性が考えられます。

言葉と言葉の間に表れたパラ言語ならば、適切な言葉を探している可能性が考えられます。

パラ言語はこうした会話のシーンで頻繁に見られるため、パラ言語の意味について深く気に留める必要がないことがほとんどです。したがって、通常のパラ言語に関して言えば、そのまま相手の言葉が出てくるのを待てばよいでしょう。

もしくは少し踏み込み、相手のパラ言語をサポートするのもよいでしょう。例えば、「え～」とか「う～ん」と言っている会話相手に「この質問は○○な意味です」というふうに発言をわかりやすく言い換えたり、「□□と言いたいのですか？」と相手が探しているだろう適切な言葉を代弁したりすることで、コミュニケーションを円滑にすることができます。

しかし、注意すべきパラ言語があります。

それは、返答が容易なはずの質問や、話すことが容易なはずの話題について、話者の口からパ

ラ言語が出てくるときです。このような場合のパラ言語は、適当な答えを見つけるまでの時間稼ぎと解釈することができます。

例えば、昨日の晩、懇親会に行っていたという夫に妻が朝、何の気なしにそのことについて質問しているシーンです。

妻：昨日の懇親会は楽しかった？
夫：……まぁね。
妻：懇親会はどこであったの？
夫：どこって？　えーっと、ほら、あそこだよ、新宿の、新宿だよ。
妻：新宿のなんてお店？
夫：新宿の……え～何だっけかな、名前。
妻：誰と一緒だったの？
夫：う～んと、同僚の……鈴木だよ。

昨日の晩の記憶です。もちろん人により記憶力や注意力は様々ですから一概には言えませんが、**記憶が鮮明なはずの出来事について聞いているのに、パラ言語が多いのは不自然です。**

この例で言えば、「場所」「誰と一緒だったか」という記憶です。お店の名前までは忘れても、新宿という地名がすぐに出てこなかったり、誰と一緒だったかすぐに出てこないのは、ちょっと怪しいです。

新宿という地名や鈴木さんという同僚の名前がすぐに出てこなかった特別な理由、認知的な負担を抱えた何らかの原因がある可能性が高いです。「なぜ時間稼ぎする必要があるのだろう？」と考えてみることが必要です。

もちろん、この段階で夫がウソをついていると断定してはいけません。単純に妻の問いに上の空の状態である可能性もあります。例えば、今日の仕事のことで頭がいっぱいで、自分の意識と関係のない質問に答えるのに時間がかかっているだけかもしれません。

いずれにせよ、**このような簡単な質問にパラ言語がいくつも表れたら、注意し、追加的に質問をすることで、パラ言語の行間が読めてくるでしょう。**

◆時間稼ぎのための典型的テクニック

このいわば、時間稼ぎパラ言語と同様の言葉遣いがあります。それは、質問や同じ発言の繰り返しです。

例えば、**妻から「あなた浮気しているんじゃない?」と浮気を疑われた夫が、「僕が浮気をしてるって?」「僕が浮気をしていると君は疑っている。僕が浮気をしていると……」と妻の質問に直接答えるまでの間に発言を繰り返す行為**です。

実際の時間稼ぎの例としては、政務活動費の不正使用を疑われた某県議会議員の発言があります。その議員は、記者から質問を受ける度に、**「え～○○新聞の△△記者のご質問にお答えします」**と、記者からの質問に答える前に必ずこのような言葉を入れていました。これも時間稼ぎの典型例です。

もちろんパラ言語を耳にしているだけでは、その行間などわかりません。パラ言語が表れやすい通常の状況と表れるのが不自然な状況とを比べることで、パラ言語の持つ意味がわかってくるでしょう。

◆言葉遣いからわかる相手の本音

言葉遣いのちょっとした変化からも相手の本音が見えてきます。

言葉遣いの変化は、スピーチエラーと話し方そのものに表れてきます。

スピーチエラーとしては、口ごもり、文法上のミス、言い間違いに本音が表れます。話し方としては、直接的な言説の低下、妥当な言説の低下、否定的な言説の増加に本音が表れます。

スピーチエラーと話し方を分けて説明します。

口ごもりとは不明瞭な発話のことです。**例えば、「あなたはその真実を知っていますか」という問いに対して「知りません」と聞き取りにくい、もしくは低いトーンで発話がなされた場合、回答者は罪悪感を抱いている可能性があります。**

本当は真実について知っているのに「知らない」とウソを言わなければならないときなど、堂々とウソがつけずに口ごもりとなって本音が表れてくるのです。

◆「時制のミス」「言い間違い」からもウソがバレる！

文法上のミスとは、主に時制の使い方に表れてきます。某「誘拐」事件を事例に紹介します。

「自分の娘が誘拐されたのです」「誘拐された娘について何か知っている人は、何でも情報を下

さい」と涙の訴えをしていたある母親が、

「私は娘を愛していました」

とテレビカメラを前に答えていました。

まだ生きているかもしれない娘に対し「愛していました」は変です。これではまるでもう娘がこの世にいないかのようです。後に、この母親が自分の娘を殺害していたことが判明しています。このように、**時制のミスに意識を向けることで本音が垣間見《かいまみ》られる**ことがあります。

文法上のミス同様に言い間違いにも本音は表れます。

ある実験において、私がある実験参加者に「あなたは動揺をしていますね」と中立的なトーンで言ったとき、その人は

「私はウソ……いや、動揺していません」

と答えました。結局、その人はウソをついていた

私は娘を愛していました！
えっ！まだ生きてるかもしれないのに！

娘を誘拐された母親

ことが後に判明しました。
人は、中立的な言葉を耳にすると「自分の意識のある方向」へ解釈します。ウソをついていたこの人物は、私が動揺という言葉を中立的に使っているにもかかわらず、動揺＝ウソと解釈し、つい言葉に出してしまったのです。こうした言葉の解釈の取り違え以外にも、単純な言葉の言い間違えこそが本音の場合があります。

◆ウソを匂《にお》わせる話し方の特徴

次に話し方です。ウソを隠していると匂わせる話し方には次の2つの特徴があります。

①直接的な言説の低下
具体的には、受動的な受け答え、問題となっている対象・人物から距離を置く言説。受動的な受け答えとは、質問に対し必要最小限にしか答えない話し方のこと。

②非協力的な受け答え
質問に答えるのを拒否する話し方のこと。

これら2つの話し方は、人が認知的な負担を抱えているときになされます。

なぜ認知的な負担が高まったのかについては、いろいろな理由が考えられますが、典型的にはウソをつくとき人は認知的な負担が高まります。ウソをついている者は、自分の発言内容を覚えていなくてはいけませんし、話の辻褄を合わせる必要があります。そうすると、認知的な負担が高まる、つまり頭がいっぱいいっぱいの状態になります。

したがって、必要以上のことは話さない、もしくは回答を拒否することで自分の発言からボロが出ないようにするのです。もちろん、質問者の質問の仕方や内容が複雑なので答えに窮する、質問者の態度が威圧的で回答者が答える気をなくすなどの理由でも以上のような話し方は生じ得ますので、解釈には注意が必要です。

◆対象・人物から距離を置いた言い方に潜む心理

対象・人物から距離を置く言説について説明します。

例えば、「あなたはAさんを知っていますか」という問いに対し、**「私の仕事柄、毎日多くの方にお会いします。Aさんを知っているか否かという問いに対して、『面識はある』と答えることはできますが、それはBさん、Cさん、Dさん、Eさんにも同様に言えます。Aさんが特別なわけではありません」**といったものです。

講釈が多い話し方とも言えるかもしれません。普段からこのような話し方をしている人ではない限り、「なぜこの人は『Aさんを知っている』と即答しなかったのだろう」と考える必要があります。わざわざAさんを他の人物と同列に置く話し方から、Aさんとの関係を深掘りされるのが嫌なのかもしれません。

また対象・人物から距離を置く言説の他の例として、**普段は名前で呼んでいる人物を代名詞で呼んだり、集合名詞で呼ぶ**というものがあります。普段は「建二は……」という呼び方をしている人が、「あの男性は……」という呼び方に変われば、そこにはその男性と心理的な距離を置こうとしている何らかの理由があることが推定できます。

◆その他の怪しい言説

妥当な言説の低下とは具体的には、自発的な訂正の欠如、五感情報の欠如のことです。

私たちが事前準備無しに話をするとき、例えば、過去の記憶を辿《たど》って話をするときなど、時折、自らの記憶違いを自発的に訂正する傾向にあります。

あなたはAさんを知ってるの？
Aさんを知っているか否かという問に対して「面識はある」と答えることはできますが、それはBさん、Cさん、Dさん、Eさんにも同様に言えることであり、その文脈においてAさんが特別なわけではなく…

一方で、**事前に準備された原稿やストーリーを語る場合、こうした自然によく起こる自発的な訂正が観られません。**就職面接の場などで、応募者の発言に自発的な訂正が観られたら、それはまさに今ここで思考された結果、生み出された発言の可能性が高いでしょう。

逆に自発的な訂正が観られなかったら、それは事前に用意されてきた発言の可能性が高いでしょう。

五感情報のない発言は、実体験のない発言にみられる傾向にあります。

実体験のある話には、何を見たか、どんな色だったか、どんな匂いだったか、どんな触り心地だったか、どんな味だったか、どのような空間だったか、何を肌に感じたか、そのときの感情はどうだったかなど、こうした情報が含まれます。

こうした情報が全くない場合、その人物の発言は実体験に基づいていない可能性が高いでしょう。

否定的な言説の増加とは具体的には、自己卑下・不平・不満のことです。これはそのままズバリ、否定的感情を意味します。否定的な感情を抱いている人は、言葉の端々に否定的な言説がちりばめられます。

言葉遣い・会話から相手を見抜く練習問題

それでは、様々なエクササイズを通して声情報を扱うスキルを身に付けていきましょう。声情報から他者の本音を察するには、微妙な言葉遣いに注意することが大切です。

エクササイズ① どちらが本音を語っているか？

問題：ストーリーAとストーリーBは、同一人物が「努力」について語っています。AとB、どちらかが本音で、どちらかがウソです。二つのストーリーを比べてどちらが本音か推定して下さい。

ストーリーA：

なんか最近凄い腹が立っていることがあって、っていうのも、あのー、まぁ、どういうことかと言うと、結構器用な人っているじゃないですか、だから自分のーその、目標地点とか観ながら、努力ができる人って、なんか、凄いなんて言うか、ビジネスライクというか、なんか、一生懸命やること凄いバカにされているのかなって凄い思うんですよ。私とか不器用な方なので、なんか、凄い、そういうこと言われると、なんか、やっていること、凄い、なんか、バカにされているというか、別に、そんなつもりは多分ないと思うんですけど、でも、なんか、なんか、それってそのー本気でやっているのかな？　って思っちゃうんですよね、なんか、こーれーが、一番、腹が立ってのが、なんか、凄いしたり顔で、なんかアドバイスしてくるんですよ、けど、私は凄い周りの人に感謝しているし、先輩から言われたことを一生懸命やっているつもりなんで、それで、やっぱ伸びている部分が大きいと思うんですよね、で、結果って、まぁ、色んな形で、お金稼げるとか、色んなものが目的になると思うんですけど、でも、それでも、なんか、私は努力したことって無駄にならないと思っているし、で、何だろうな、できることっていうのをまずやることが大事だと思うんで、で、なんか、そうですね、努力って、なんか、みんな努力しているっていうんですけど、目の前のこと頑張れない人って多分、他のことも頑張れないと思うんですよ。だから、なんかやっぱり、その目標っていうのを決めるのは良いですけど、色んなことをやったら見えるものも絶対あると思うし、だからその一つ一つの努力っていうのを目の前にあることを、なんか、精一杯、やっていくことが絶対大事なんじゃないかな、って私は思っています。

ストーリーB：

「頑張ればよいよ」ってよくある話だと思うんですけど、私それが、すごいなんか、無責任だなって思っちゃうんですよ。っていうのも、やっぱ、みんな何かしらやりたいことがすごいあって、それについてはやっぱそれになりにみんな努力はしていると思うんです。それは誰でも。でも、その努力って、やっぱ、目的があってやるものじゃないですか。その中で、あのーただ懸命に努力するだけでは多分ダメだと私は思ってて。これ仕事にもつながるかもしれないんですけど、っていうのも、あのーやっぱ、努力と目的があって、で、あのーその目的に向かってちゃんと、ちゃんとした場で、ちゃんとした方法で努力しないと、やっぱり、その努力って、本人の自己満足って言うか、自分を納得させる努力になっちゃうと思うんですね。社会人としての努力って自分が満足するための努力ではなくて、ちゃんと目的に向かった努力みたいなものを、やっぱり、する必要が、すごくあるんじゃないかな、って自分の中ですっごく思っているんです。

解答・解説

ストーリーAは、「目の前に起こる一つ一つの出来事に努力を向けるべき」という主張です。ストーリーBは、「目的に向かった長期的な視点で適切な努力をするべき」という主張です。

2つのストーリーともに具体例がないため、純粋に話し方から話の真偽を推定します。

ストーリーAはBに比べ、パラ言語が多く、「なんか」という言葉が多用されています。またAの話し始め、「凄い腹が立つ」という話から「バカにされている」は通じるのですが、「別に、そんなつもりは多分ないと思うんですけど」とすぐに前言を打ち消しています。

これらのことからAのストーリーは、話がまとまっていなく、自己の主張に自信がないことが伺えます。さらにAの「私は凄い周りの人に感謝しているし」というくだりは、Aの主張と関係のない挿話であり、妥当な言説をするための時間稼ぎをしているように思われます。

したがって、**本音はストーリーB**という推定が可能です。

エクササイズ② 夫婦の記憶はどこまで一致している?

問題：ある夫婦に、お互いがいないところで個別に新婚旅行の思い出について語ってもらいました。しかし両者の話の所々に矛盾点が生じました。そこで2人に同席してもらい、記憶違いの箇所を説明してもらっています。

以下のインタビューでは、旅行に同伴していたガイドさんの特徴について質問をしているところです。特徴的な声情報を指摘してください。なおインタビューは2016年に行われました。

質問者：新婚旅行は何年前の出来事ですか?

妻：結婚式のときにさきちゃんがお腹にいて、今さきちゃんが小学校1年生だから、6年前、7年前ですね。

夫：7年前ですね。

質問者：結婚式はいつしたのですか? 2006年くらいですか?

夫：いや、もっと後、2008年ですね。

質問者：それでは新婚旅行は2009年くらいに行ったのですか?

夫・妻：ぐらいだと思います。

質問者：イタリア旅行に行ったという話ですが、そこにいたガイドさんの年齢について、何歳に見えたか同時に答えてください。

夫：20代。**妻**：40代。

夫・妻：え〜!!
妻：そんな若かった？
夫：若かったんじゃないの？　若かったでしょ？
妻：若かった？
夫：若かったよ。
妻：おばちゃんじゃなかった？
夫：いや、若かったでしょ。20代半ばくらいでしょ。
妻：そんな若かった？　この人の方がガイドさんと喋《しゃべ》っていたので、それは正確かもしれません。
私はガイドさんに興味があったわけではないため、不正確かもしれません。
質問者：ガイドさんの髪の色は何色でしたか？
妻：金髪……。
夫：……じゃないでしょ？
妻：金髪じゃなかった？
夫：違うと思うよ。違うと思うよ。
妻：金髪じゃなかった？
質問者：アクセサリーなどは身に着けていました

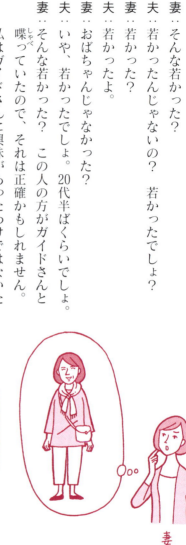

か？
妻：スカーフっぽいもの着けていたかも。
夫：あ、スカーフは着けていたかも。うん。
質問者：メガネは？
夫：メガネは着けてた。
妻：着けてた？　日本語はめちゃくちゃうまくて助かったよね。
夫：うん。
妻：わからないこと全て聞けたしね。

解答・解説

本問で登場したガイドさんの特徴は、年齢、髪の色、２種のアクセサリーの有無、言語の５つです。この中で夫婦で一致した認識があるのは、スカーフを身に着けていたというアクセサリーの有無と日本語という言語です。

５つの特徴のうち、３つも矛盾しています。こんなに夫婦間で認識に違いが生じるのかということですが、男性の目から見る女性のガイドさん像と、女性の目から見るガイドさん像、そしてガイドさんに接していた時間の長さから、この程度の認識の差は普通だと考えられます。

本問で観られる特徴的な声情報は「自発的な訂正がある」というところです。正確に言うと、妻と夫が互いの発言の訂正を発言が食い違う度に求めるこの部分です。

妻：そんな若かった？　この人の方がガイドさんと喋っていたので、それは正確かもしれません。
　私はガイドさんに興味があったわけではないため、不正確かもしれません。

というところで妻が自己の発言の曖昧性を認めるというものがあります。

これらの発言の訂正は、対等な関係の2人において、認識違いが起きたときになされるごく自然な反応です。ウソをついているわけではありません。

逆にウソをついている場合や、両者の力関係がアンバランスで片方に力がある場合、認識違いが起きると、力のある方の記憶に沿うように発言を理由もなく、もしくは唐突に変更する傾向にあります。

単語の選び方から性格がわかる？

「私はそのモデルを買うことに決めました」

この発言からこの人物の性格もしくは行動特性を推定してみてください。

「!?」

こんな少ない情報からはわからない？

興味深いことに「それがわかる」という説があります。人がどのような単語を選んで使うかにはその人物の性格や行動特性が反映されるという説です。

例えば、先の文章の基本メッセージは「そのモデルを買った」ということです。しかし、「決めた」という単語を使うことで、文章全体の意味合いが変化します。

「私はそのモデルを買ってみた」

この一文と比べてみてください。「決めた」という単語を選んだ人物に比べ、「買ってみた」という単語を選んだ人物の方に、衝動的な印象が感じられると思います。「決めました」は、様々なある選択の中から選んだということが暗に示唆され、慎重な人物像が想起されます。
このように基本メッセージの意味合いに変化をもたらす単語の選び方から、その人物の性格や行動特性が推定できるというのです。
他の例を紹介します。どんな人物像が想起されるか考えてみてください。

「私は急いで歩きました」

↓「急いで」という単語からその人物が緊急性の高い出来事の中にいることがわかります。それが何らかの約束の時間に間に合うためにある場所へ向かって「急いで」歩いていたとしたならば、社会のルールを守り、他者の期待に沿うことを尊重する人物像を推定することができます。

「私はもう1つ賞を受賞しました」

↓「もう1つ」という単語は、他にも賞を受賞したことを暗に示唆しています。賞を二つ以上受賞した経験があることを知ってもらい、他人に称賛されたいという気持ちの表れです。自己のイメージを高めることに価値を置く人物像を推定することができます。

「私は目標を達成するために懸命に働きました」

↓「懸命に」という単語から、普段より達成するのが困難な目標に挑戦したことが伺えます。このような単語を使う人物は、懸命な働きは良い結果をもたらすという信念を持っている傾向にあります。

いかがでしょうか？

これは英語に関する研究ですので、他の言語や日本語にも当てはまるのかは今のところわかりません。しかし、言葉の使い方や単語の選択の仕方に人の知性や性格が反映される感覚は、至極あり得るような話だと思いませんか？

C H A P T E R I

第5章

相手を見抜く「質問力」

本章では、相手の本音を可視化する質問テクニックについて説明します。
相手の本音の妥当性を高めるには、第1～4章で説明した観察法に加え、本章で説明する質問テクニックが必要です。

例えば、表情から相手の感情を特定することができます。しかし、その感情はどこに向けられているのでしょうか。

例えば、表情・動作・声から相手が認知的な負担を抱えていることを把握できます。しかし、その負担はなぜ生じているのでしょうか。

相手の動作からその心を読もうとすることは、時に大きな誤解を生んでしまうことがあります。そうした解釈の誤解を防ぎ、相手をよりよく知るためには、**洗練された質問テクニック**が必要となります。

そこで本章では、**科学的な効果が証明されている質問テクニック**について説明します。

◆観察だけでは本音を見抜くのに限界がある理由

書店に行くと、所狭しとボディランゲージから本音やウソを見抜く系の書籍が並んでいます。他者のボディランゲージを観察することからその人の心を読み解くという、私たちの切なる願望の表れなのかもしれません。

もちろん本書のこれまでの章でも説明した通り、ボディランゲージのみからでも、ある程度、他者の心の中を推定することはできます。しかし、それを高い精度で行えると思ったり、ましてやボディランゲージのみからウソを見抜こうとすることはオススメできません。

それはなぜでしょうか。

ボディランゲージの観察のみから、他者の本音を見抜くには限界があります。

その理由は2つあります。1つは、ボディランゲージの知識に関わる問題です。もう1つは、ボディランゲージの解釈に関わる問題です。

ボディランゲージの知識に関わる問題とは、私たちがボディランゲージの意味について正確な知識を持っていないということです。

例えば、**顔や鼻を触るのはウソのサインとか、目をキョロキョロさせるのはウソのサインというものがあります。これは神話であり、科学的根拠はありません。**しかし、日本だけでなく、世界中の人々が共通してこうした誤解を抱いていることが大規模な調査によりわかっています。

また、**外国文化特有のボディランゲージを日本人のものと思ってしまうことがあります。**書店に多くあるボディランゲージの本に描かれているボディランゲージは多くの場合、外国人を研究対象にして得られた知見がほとんどです。そうした本に書かれているボディランゲージを日本人も同様だと考えてしまうことで、ボディランゲージに関する誤った知識がつくられてしまいます。

次に、ボディランゲージの解釈に関わる問題とは、ボディランゲージに他者の本音が表れていても、それを正確に解釈するには限界があるということです。

例えば、何気ない会話をしているとき、目の前の相手の顔に怒りの微表情が表れたのをキャッチするとします。しかしこの段階では、文脈からある程度推定できたとしても、**怒りが生じた理由や怒りが抑制された理由は明確にはわかりません。**

また、ボディランゲージからウソを見抜くということに関して、衝撃的な研究結果が見いだされています。

2003年、ウソ研究の大家であるデパウロらが100以上のウソ検知の研究をメタ分析という手法で調査し、次のことがわかりました。

「これまで考えられてきた大半のウソの言語・非言語サインは科学的証拠が薄い。科学的証拠を見いだせるものでも、そのサインは正直者とウソつきとの間にわずかな違いでしか表れず、その変化をとらえることは容易ではない」

この結果は研究者にとっても実務家にとっても衝撃的な内容でした。

ボディランゲージのみから
本音を引き出すのはむずかしい!

それもそのはず。研究者は、ウソつきにはウソ特有のサインがあると信じ、100年以上にわたって研究し、実務家（警察官、検察官、弁護士、裁判官などの法の執行官ら）も同じように信じ、捜査活動をしてきたのです。

それにもかかわらず、いわゆる「ピノキオの鼻」というものはないということがわかったのです。

デパウロらの研究結果から、**ウソのサインが出現するのを「ただ待って観察する」という手法では、ウソを検知することが不可能ではないにせよ難しい**、ということがわかったのです。

具体的な数値を挙げると、私たち一般人も、業務上ウソに接する機会の多い警察官などでも、ボディランゲージの観察のみからウソを見抜こうとすると、その**正解率は54％程度**であることがわかっています。54％とはどういう数値かと言いますと、ウソかホントかの確率が50％ですので、ほぼ偶然レベルと変わらないということになります。

以上のように、ボディランゲージの観察のみから他者の本音を正確に見抜くことは難しいのです。そうであるからこそ、これまでに説明したボディランゲージに関する正しい知識を身に付け、**ボディランゲージの変化からその意味を特定するような質問テクニック**が必要となってくるのです。

◆7つの質問から本音を見抜く「科学的最新質問テクニック」を公開！

ボディランゲージの観察のみから他者の本音を見抜こうとする試みには限界があるということで、近年、ウソ検知の科学を筆頭に、面接や尋問・取り調べの場において詳細情報を得るための質問テクニックが考案され始めました。

本節では**詳細情報を得るために必須な基本的質問テクニック**から、**最新の科学で有効だと証明されている質問テクニック**を説明します。これより紹介する7つの質問テクニックを利用することで、他者から詳細な情報を引き出すことができ、本音を高い精度で推定することができるでしょう。

どのような順番・状況でどの質問テクニックを用いれば良いのかについては、質問テクニックの長短を考えながら、状況に応じて臨機応変に使いわけてください。

◆詳細情報を引き出す「オープン質問」

オープン質問とは、回答者が「はい」「いいえ」や、短い単語で答えられない質問テクニックのことです。例えば、採用試験などでなされる**「学生時代の活動について教えてください」**という質問です。

オープン質問をすることで回答者から包括的で詳細な情報を聞くことができます。また回答者に発言をゆだねているため、根掘り葉掘り聞く必要がなく、質問者がする質問数を減らすことができます。

さらに**発言をゆだねているからこそ、回答者がどこに力点を置いているのかがわかります。**

「学生時代の活動について教えてください」という質問に対し、回答者が部活の話をすれば、部活に強い思い入れが、アルバイトの話をすれば、アルバイトから学ぶことが多かったことが、何らかの所属団体の活動について話せば、所属団体に強いアイデンティティーを感じていることが推定できます。

回答者の力点を中心にフォローアップの質問（後述）をしていくことで、回答者が大切にしていることを詳細に聞いていくことができます。

一方で、オープン質問は質問者が回答者の発言の方向性を調整していかないと回答が関係のない方へ

学生時代の
活動について教えてください
OH! No!!

オープン質問法では回答者は「はい」「いいえ」では答えられない。

拡散していく可能性があり、**雲をつかむような会話に終始してしまう可能性**があります。

そうならないために、質問者は回答者の会話を理解していること、理解していないことを伝え、どんなクローズド質問やフォローアップの質問をするべきか注意深く選択する必要があります。そのためには、質問者に高度な観察力、質問力が要求されます。

◆ベースラインを観察するための「コントロール質問」

コントロール質問とは、質問者が本当は答えを知っているのに知らないフリをして、回答者に回答者が確実に知っている質問を答えてもらう質問テクニックのことです。

しかし現実には、質問者が確実に答えを知っている質問を設定するのが難しい場合があります。そうした場合は、回答者がストレスを感じにくい質問で代用することができます。

コントロール質問をする意味とは、回答者の答え方のベースラインを確立することにあります。

ベースラインとは表情でいうところの**中立表情**のことです。ベースラインを確立することで、回答者の質問を受けているときの普通の緊張状態を把握することができます。

そしてベースラインの変化から、回答者の感情がブレる質問とブレない質問とを分け、回答者の感情の変化から効率的にフォローアップ質問をしやすくすることができます。

回答者は質問に対して様々なストレスを感じることがあります。

回答者があらかじめ用意してきた回答や、答えるのが容易な回答を答えるときのストレスのべースを知ることで、そのベースから乖離《かいり》した場合、その質問がなぜストレスレベルを高めたのかをフォローアップ質問することで回答者の本音をより正確に推定できます。

引き続き、採用面接のケースで考えます。

採用面接の場合、代表的なコントロール質問とは次のようなものです。

「志望動機は何ですか？」
「あなたの長所は何ですか？」
「学生時代苦労した点は何ですか？」

回答者が答えを用意してきている可能性の高い質問です。

答えるのが簡単な質問に回答者がどう答えるかを観察しておき、そのときのストレスレベルからどれくらい変化があるかをその他の質問と比べることで、回答者の質問ごとのストレスレベルの高さを推定で

きます。

ストレスが高まる背景は様々です。ウソをついている場合もあります。想い入れが強い出来事なのかもしれません。

フォローアップ質問をすることでストレスが高まった理由を解決する必要があります。

オープン質問同様に、ストレスレベルの高まりの理由を解釈するために、質問者に高度な観察力、質問力が要求されます。またコントロール質問になり得る質問を事前に準備しておく必要があります。

◆最新の質問テクニック「反予測質問」とは？

反予測質問とは、回答者が回答することを事前に予測していない質問をする質問テクニックのことです。このテクニックは、主に回答者のウソを検知するために生み出されたものですが、何でもない普通の話題に対しても回答者から詳細な情報を得ることができます。

回答者がこうした質問事項に対して日々どれだけ意識的に考え、どのように物事を観察しているかを垣間《かいま》見《み》ることができるのです。

反予測質問は２００３年以降に研究数が増大し、その有効性が認められ始めた最新の質問テクニックです。これまでの研究からわかっている**反予測質問は、①感覚に関わる質問、②時間に関わる質問、③行動プロセスに関わる質問、④悪魔のささやき質問、⑤シュチュエーション質問の**

5つです。一つひとつ説明していきます。

◆反予測質問①　感覚に関わる質問

感覚に関わる質問とは、視覚・聴覚・触覚・嗅覚《きゅうかく》・味覚に関する質問テクニックのことです。

特別な事情がない限り、私たちは自身が体験したことに関してこれらの五感情報を記憶しています。回答者の話がウソかどうか確かめたいとき、回答者の体験をより詳細に聞きたいとき、この質問テクニックは非常に効果的です。

なおこの質問テクニックを使うとき、回答者自身の五感情報だけでなく、その近くにいた第三者の五感情報も併せて聞くことができれば、より精度の高い情報を得ることができます。

例えば、次のような感じで聞いてみるとよいでしょう。

「あなたの近くにいた人からその風景はどのように見えていましたか？」
「そのときあなたと一緒にいた人は、どんな匂いだったと言っていましたか？」

ただし、人によってどの感覚が優れているかに関して個人差があるため、例えば、そのときの匂いなど全く覚えていない、と言われてしまうことがあり得ます。こうした場合、この質問テクニックは有効に機能しません。

それでも本当の記憶ならば、五感情報のどれかにアクセスできるはずなので、根気よく質問することが大切です。

またある場合に嗅覚情報が鮮明なのに、ある場合にはその情報が全くない、といった場合、そこには何らかの理由があると考え、その理由をフォローアップすることが大切です。

◆反予測質問②　時間に関わる質問

時間に関わる質問とは、時間に関わる詳細を聞く質問テクニックのことです。

感覚に関わる質問同様、私たちは時間感覚を持っているため、特別な事情がない限り、時間感覚について描写することができます。

例えば、次のような質問です。

「その仕事に従事したのはいつからいつまでですか？」
「その日のタイムスケジュールを教えてください」
「何時にその建物に入り、何時に出ましたか？」
「その列の何番目にいましたか？」

◆反予測質問③ 行動プロセスに関わる質問

行動プロセスに関わる質問とは、活動の計画中や活動中の各段階に関わる質問テクニックのことです。

この質問は過去についてだけでなく、未来についての意図に関しても詳細を聞くことができます。

回答者が経験した活動をいくつかの段階に分け、その段階ごとの描写を質問することで、より詳細な情報を得ることができます。未来の出来事に関する意図の有無や精度を推定するためには、計画の段階を追って質問します。

例えば、回答者がどの程度、旅行に行く気があるかどうかを推定したいとします。

「その旅行計画の中で最も苦労した点はどこですか？」

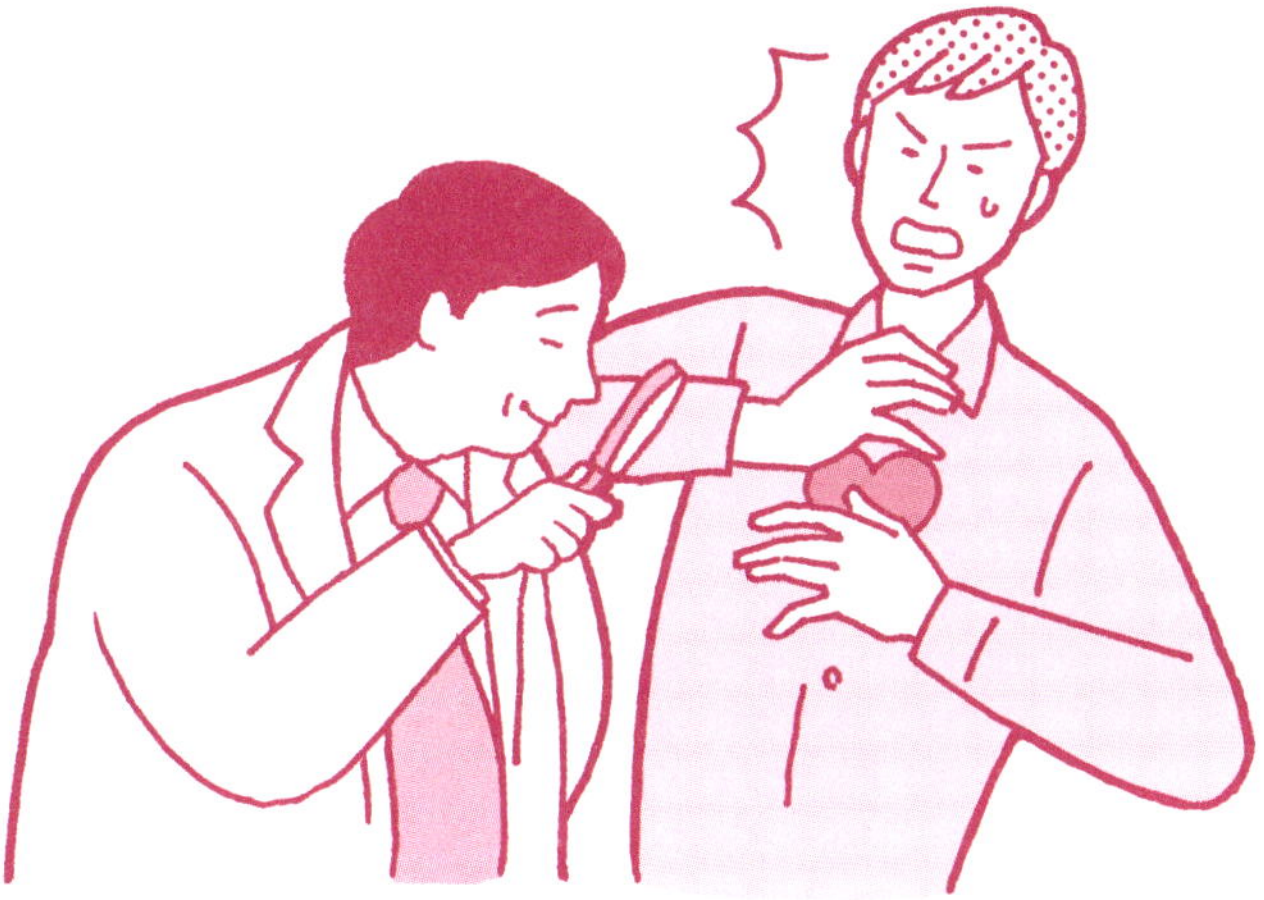

「反予測質問法」はウソ検知に有効な最新の質問テクニック！

「どのような交通手段で目的地を回りますか？」
「あなたにとって最も魅力的に感じる場所はどこですか？」

こうした質問に詳細に答えられるほど、本当に旅行に行く意思があるのか、どれほどその旅行に行きたいかに関して推定できます。

◆反予測質問④ 悪魔のささやき質問

悪魔のささやき質問とは、回答者の主張する見解とは全く逆の見解を述べてもらう質問テクニックのことです。回答者の述べていることが、本音かどうかを推定することができます。

質問の仕方としては、**「仮にあなたが今の立場とは逆の立場だとしたらどうしますか？」**という形式をとります。例えば、内容が正反対のA案とB案という案があるとします。A案を支持するという回答者には、自身がB案支持者だと仮定してB案支持の理由を答えてもらいます。当然、本当に支持している案の方が、説得的かつ論理的な回答になります。

しかし、この質問テクニックを単純に回答者にしたとしても、回答者に質問の意図がバレてしまう可能性があります。そのため、**この質問テクニックを使うときは、対立する案について意見を述べるとき、両者が同じくらい説得的な意見となるようなインセンティブを回答者に与える工夫が必要です。**

「自分の信念とは反する意見でも、それを客観的に分析し、評価できる力は高評価である」という基準が存在するような面接試験の場合、応募者は自己の意見もそれとは反する意見も同程度の説得力を持つように描写しようとするでしょう。

応募者が2つに回答を述べている様子を注意深く観察し、回答内容を比べることで、どちらが応募者の本音かを推定することができます。**本当の意見のときの方が、内容が豊富で表情や身振りが豊かになります。**

◆反予測質問⑤ シチュエーション質問

シチュエーション質問とは、仮想的な状況に身を置いた回答者がどのように行動するかを問う質問テクニックのことです。この質問テクニックをすることで、**回答者の状況対応力**を推定することができます。

例えば、次のような質問です。

「あなたの同僚が社外規則から外れたやり方で仕事をしています。あなたの同僚はあなたよりも経験が豊富で、この方法の方が効率的だと言っています。あなたはこの同僚にどう対応しますか？」

「大切なプレゼンテーションをしているとき、聴衆からどうしても答えられない質問をされたと

します。あなたならどう対応しますか?」

前者の質問からは規則に対する態度、後者の質問からは知らないことに対峙《たいじ》したときの態度を推定することができます。

もちろん回答者が実際にそうした状況に置かれたとしても、回答通りの行動をとるとは限らないため、得られた回答を絶対視せず、回答者の行動傾向の目安と考えておくことが大切です。

◆相手の記憶を様々な角度から確かめる「反復質問」

反復質問とは、同じ内容の質問を違う視点から再度聞く質問テクニックのことです。

異なる視点から同じ内容の質問をすることで、回答者の記憶の確からしさを推定したり、回答者の忘れていた記憶を呼び起こしたり、回答者の回答精度を推定することができます。

質問の言葉遣いだけを変える方法と、質問視点を変える方法があります。

質問の言葉遣いだけを変える方法とは、例えば次のようなケースです。

「あなたの長所は何ですか?」↓「あなたの魅力は何ですか?」

「パラフレーズ」といって、最初の質問で使った言葉やフレーズを異なる言い回しにする方法です。

質問視点を変えるというのは、同じ質問を様々な形式で聞くということです。先に説明した感覚に関わる質問もこの反復質問として使えます。ここでは、反復質問として有効だと証明され、使い勝手の良い逆質問法、図解法、交互質問法を説明します。

①逆質問法

順番がある事柄についてその順番とは逆の順番で回答してもらう方法です。

例えば、回答者に昨日の行動を時系列で答えてもらい、次に**「昨日の行動を夜から朝にかけて逆に説明してください」**と質問する方法です。

②図解法

五感情報を図で描いてもらう方法です。

例えば、昨日の夜、あるレストランにいたという人物にそのレストランの様子を口頭で答えてもらい、次に**「その様子を絵に描いてください」**と質問する方法です。レストラン内部の様々な配置に興味がある場合、そのときの物や人の配置を描いてもらうのも効果的な方法です。回答者の記憶がしっかりしていればいるほど、正確なレストラン内部の図が期待できるでしょう。

③交互質問法

同じ体験をした2人の回答者に対して交互に質問をする方法です。

最初の段階で2人の回答者を1人ずつに分け、個別に質問し、情報を集めておきます。次の段階では、2人の回答者を同じ場所に招き、もう一度同じ質問をどちらか片方にします。

ここで同じ質問をするとき、特に両者の回答がズレている質問を集中的にします。そして次に適当な間隔で（だいたい20秒から30秒ごと）、片方の回答者の説明を途中で遮り、もう一方の回答者にその説明の続きを説明してもらいます。

この方法のポイントは、一方の回答者が答えている内容を、もう一方の回答者がしっかりと聞いていなくてはいけないところです。

人の説明を聞きつつ、それを覚え、自分の発言の準備もすることは、非常に認知的に負担の高まる行為です。

この質問テクニックに限りませんが、質問テクニ

相手をとことん追い詰める「反復質問」

ックによって認知的な負担の高い状況を作り出すことでウソをつき通すことを困難にさせることができます。

なお、私たちの記憶は個人差があるため、同じ体験でもその描写内容がズレている方が自然です。両者の描写内容がピッタリと同じ場合や、交互質問をしたときに片方の説明に寄り添うようにもう片方が説明内容を変容させていたら注意が必要です。

同じ体験をした2人が、両者の記憶のズレにどのように反応するかを注意深く観察し、必要に応じてフォローアップ質問をし、さらに詳細な情報を引き出しましょう。

◆徹底的に深掘りする「フォローアップ質問」

フォローアップ質問とは、回答内容に残る気にかかる点や不明瞭な点を深掘りする質問テクニックです。 最も単純なフォローアップ質問は**「他には?」「具体的には?」**と問うことです。

このような問いかけを回答者が「もう他に思い出せることはない」「答えられることはない」と感じるところまでします。この質問だけでもかなり多くの情報を得ることができます。

もう1つ、回答者の気持ちに沿ったフォローアップ質問の方法があります。

それは、質問に答えているときの回答者の感情について聞く方法です。

特に回答者の言動が一致していないときや、感情にブレを生じさせているとき、認知的に負担を抱えているときが有効です。

例えば、回答者が口では「自信満々です」と言いながら表情が恐怖を示している場合です。こうしたときは、**「不安なことはありますか?」**と聞いたり、**「懸念があるとしたら何があり得ますか?」**と聞く方法です。

感情にブレを生じさせていたり、認知的な負担を抱えている場合、**「この質問は少しあなたを混乱させてしまったようです。質問の仕方を変えましょう」**と言い、異なった観点や言葉遣いを変えて質問をし直すとよいでしょう。

必要に応じて、**「この質問は答えるのが簡単なように思えますが、私にはあなたが混乱しているように見えます。それはなぜでしょうか?」**と聞く方法も有効です。

もちろんフォローアップ質問ができるということは、質問者に高度な観察力、質問力があることが前提となります。

◆回答の精度を高める「要約質問」

要約質問とは、回答者に先に述べてもらった回答について、再考、要約を求める質問テクニックのことです。要約質問をすることで、回答者が自ら発した情報を再確認することができます。

要約の途中で、新たな記憶が思い出されたり、記憶違いや訂正をする機会が生まれるため、回答の精度を高めることができます。

インタビューが長時間に及ぶ場合などは、**「ここまでのあなたの回答をまとめてください」**と質問し、段階的に要約質問を使うとよいでしょう。

回答者が自身の回答を要約するのに困難を覚えている場合、質問者が**「あなたのこれまでの回答を確認させていただきます」**と言い、回答者の回答を共に1つずつ確認する方法をとることもできるでしょう。しかしその場合は、なるべく回答者がこれまで用いた言葉使いをそのまま使い、誘導尋問にならないようにすることが大切です。

◆会話を強力にコントロールする「クローズド質問」

クローズド質問とは、回答者が「はい」「いいえ」や短い単語で答えられる質問テクニックのことです。クローズド質問をすることで、得られた情報を再確認したり、会話をコントロールすることができます。

アメリカの報道番組で何らかの疑惑がかけられている人物がインタビューに答えているシーンを目にすると、このクローズド質問をその冒頭で多く観察することができます。

不倫の嫌疑がかけられている某政治家のインタビューの冒頭です。

質問者：質問してよろしいでしょうか？　あなたは××さんと不倫をしたのですか？

政治家：あなたに「ありがとう」と言わせてください。話す機会を与えてくださって。2年前の20××年に、私は大きな過ちを起こしました。それは私に責任があるのです。妻に謝

罪しました。妻とは家族として…（中略）

…もう問題は解決したのです。

質問者：もうこの問題は完全に解決したのですか？

政治家：完全に解決しました。

質問者は最初に「あなたは××さんと不倫をしたのですか？」とクローズド質問をすることで、不倫の真偽を確認しようとしています。政治家はこの質問に対し、後ろめたさがあるせいか、「はい」「いいえ」とは直接回答できないものの間接的に不倫を認める発言をしています。

次の質問者の「もうこの問題は完全に解決したのですか？」という発言もクローズド質問です。政治家は「はい」とは答えてはいませんが、意味的にはそれと同等の直接的な回答をしています。

このようにクローズド質問をすることで、これまでに得られた情報を確認したり、回答者の発言内容を再確認することができるのです。

「はい」か「いいえ」を引き出すクローズド質問

クローズド質問は会話のコントロールにも有効です。

このインタビューではそうではなかったのですが、ウソをついていたり、本音を隠したいと思う人は、それに関係する話題や質問をされると、直接的な発言は避け、違う話題を話しはじめ、気をそらせようとする傾向にあります。

そんなとき、クローズド質問をして、会話を質問者が聞きたい話題に戻すことができます。

「その話は後にして、○○（中心にしたい話題）について明確にさせてください」

「○○について認識されていますか」

ただし、クローズド質問は「はい」「いいえ」と短い回答で済ませることができるゆえに、回答者から多くの情報を引き出す質問法ではありません。オープン質問を軸にしつつ、情報の再確認や会話の軌道修正が必要になるごとに、クローズド質問を用いるとよいでしょう。

本節の質問テクニックを表にまとめました。活用の際の参考にしてください。

相手を見抜く７つの質問法のまとめ表

名称	内容	長所	短所
オープン質問	回答者が「はい」「いいえ」や短い単語で答えられない質問法	・包括的で詳細な情報を聞くことができる。 ・質問数を減らすことができる。 ・回答者がどこに力点を置いているのかわかる。	・回答が関係のない方へ拡散していく可能性がある。 ・質問者に高度な観察力、質問力が要求される。
コントロール質問	質問者が答えを知らないフリをして、回答者に回答者が確実に知っている問題を答えてもらう方法	ベースラインを確立できる。	・質問者に高度な観察力、質問力が要求される。 ・回答者が答えを知っている、用意しているだろう質問事項を用意しておく必要があり、綿密な事前の準備が必要となる。
反予測質問	回答者が回答することを予測していない質問をする方法	・詳細な情報を聞くことができる。 ・ウソを検知できる。ウソ検知率は80%。	どのような質問が回答者にとって反予測質問になるのか明確な線引きはない。
反復質問	同じ内容の質問を違う言葉や視点から再度質問する方法	・情報の再確認ができる。 ・詳細な情報を聞くことができる。 ・ウソを検知できる。	本当に同じ内容のことを聞いていることになるのか注意が必要である。
フォローアップ質問	回答内容に残る気にかかる点や不明瞭な点を深掘り質問する方法	・詳細な情報を聞くことができる。	・質問者に高度な観察力、質問力が要求される。
要約質問	回答者に先に述べた回答について、再考、要約を求める方法	・情報の精度を確認できる。 ・新たな情報が得られる可能性がある。	質問者が回答者の答えを勝手にまとめてしまうと誘導尋問になる危険性がある。
クローズド質問	回答者が「はい」「いいえ」や短い単語で答えられる質問をする方法	得られた情報を再確認したり、会話をコントロールすることができる。	多くの情報を得られることは期待できない。

反予測質問法のまとめ表

名称	内容	長所	短所
感覚に関わる質問	視覚・聴覚・触覚・嗅覚・味覚に関することを質問する方法	・感覚情報を聞くことができる。 ・ウソを検知できる。	人によってどの感覚が優れているかに差があるため、有効に機能しない場合がある。
時間に関わる質問	時間に関わる詳細を質問する方法	時系列に関する情報を聞くことができる。	—
行動プロセスに関わる質問	活動の計画中や活動中の各段階に関わることを質問する方法	・過去の詳細な出来事だけでなく、未来の出来事＝意図についても聞くことができる。	—
悪魔のささやき質問	回答者の主張する見解とは全く逆の見解を述べてもらう方法	・ウソを検知できる。	・回答者の回答に疑いをかけている印象を与える。 ・作問法が困難。
シチュエーション質問	仮想的な状況でどのような行動をとるか質問する方法	状況対応力を推定することができる。	実際に回答された行動をとるとは限らない。

質問から真実をあぶりだす練習問題

それでは、様々なエクササイズを通して質問力を扱うスキルを身に付けていきましょう。本エクササイズでは反予測質問の作成に挑戦して頂きます。反予測質問には、感覚に関わる質問、時間に関わる質問、行動プロセスに関わる質問、悪魔のささやき質問、シチュエーション質問の5つがありました。

エクササイズ① 反予測質問を作成してみよう①

状況：
友人の池田君が初めて香川県に旅行に行ったときの話をしています。
会話の中で池田君がうどん屋さんに行ったことを話してくれました。
あなたは香川県に行ったことがないので、香川の本場のうどん屋さんというものに興味があります。そこでそのうどん屋さんのイメージをできるだけ具体的に描けるように池田君に質問しています。

問題：
池田君から次の①〜③のうどん屋さんの情報を、できるだけ具体的に聞き出すにはどんな質問をすればよいでしょうか？

①店外・内の様子
②店員さんのサービスの様子
③うどんの見た目と味

解答・解説

池田君からうどん屋さんの①~③の具体的なイメージを引き出す目的から本問の場合、感覚に関わる質問をするのが適当です。例えば次のような質問です。

①店外・内の様子

「店構えはどんな感じ?」「店内に入った瞬間の空気・温度は?」「店の広さは?」「机とかイスはどんな感じ?」「他にお客さんはいた?」

②店員さんのサービスの様子

「店員さんは何歳くらい?」「何人?」「店員さんと何か話した?」

③うどんの見た目と味

「うどんの味・かおり・つゆはどうだった?」

こうした質問を言葉のやりとりの中に入れながら会話を進めることで、少しずつお店のイメージを具体化していくことができます。質問から得られた池田君の回答をまとめると次の通りとなります。

「店の外観は、何の変哲もない灰色の古そうな建物。ガラスの引き戸で店内の客席部のほぼ全てが外から見える。店内に入った瞬間、ぶわっと熱気が来て、メガネが曇った。湿度高し。店の広さは小学校の教室の半分くらい。内装は特に飾り気なし。机とイスは、よく集会場にあるような長机と丸イス。店内はほぼ満席。トッピングのオーダーをとってくれた店員さんは、70歳くらいのおばあちゃん。店内が込んでいるからか愛想がない。他にオーダーをとっていた人がもう一人いたと思うけど覚えていない。厨房《ちゅうぼう》には2人くらいいた気がする。うどんを食べてそのまま帰ろうとしたら『お・か・た・づ・け』とそのおばあちゃんの店員に怒られた。うどんの味は、普通。普通過ぎてよく覚えていない。〇亀うどんの方が美味《おい》しかった」

お店の具体的なイメージが湧《わ》きましたか？

実はこのお店、昔ながらのうどんを提供する香川にある人気のうどん屋さんなのですが、池田君にとっては、肝心のうどんの味より店内の様子や店員さんの言動が記憶に強く残っていたようです。

エクササイズ② 反予測質問を作成してみよう②

状況：

あなたは面接官です。目の前の応募者の志望度を正確に推定したいと考えています。もちろん応募者は、「御社が第一志望です」と言ってくれていますが、その言葉を鵜呑《うの》みにするわけにはいきません。内定辞退などされたら困るからです。

問題：

どんな質問をして志望度を推定したらよいでしょうか？

①弊社に入れなかったら、どこの企業に行きたいですか？
②弊社の入社希望度は10段階で評価したらどのくらいになりますか？
③弊社ではあなたのやりたいことはできないと思います。それでも入社を希望しますか？
④第二志望はどこですか？

解答・解説

思想・意見に関して本音を聞きたいときは、**悪魔のささやき質問**が有効です。

回答者の意見とは真っ向から対立する意見について質問し、そのときの言動をチェックします。わかりやすい状況で例えるならば、「妊娠中絶に反対」という意見の持ち主には「仮にあなたが賛成の立場だとしたらどんな理由付けをしますか?」と聞きます。「死刑制度に賛成」という意見の持ち主には「仮にあなたが反対の立場だとしたらどんな理由付けをしますか?」と聞く按配《あんばい》です。

しかし本節でも書いた通り、この手法だと「逆の立場の意見などない」と言われる恐れがあります。したがって悪魔のささやき質問をするときは、**逆の立場の意見を積極的に述べてもらうためのインセンティブ**を回答者に与える必要があります。

妊娠中絶や死刑制度について、極端な賛否の意見を持つ活動家たちに悪魔のささやき質問をした実験があります。この実験では、賛成派と反対派の活動家に自分の意見と、それとは逆の見解を述べてもらい(つまりウソを言ってもらう)、その真偽を第三者に判定してもらいます。そして**判定者に逆の見解がウソだとバレてしまうと、自分の支持する活動母体とは反対の活動母体に活動資金がプレゼントされる仕組みです。**

このような質問の仕方を設計すると、自分が支持していない活動母体に活動資金が送られることを防ぐために、自分の意見とは逆の意見も真剣に答えるようになります。

しかし、**自分の本当の見解とウソの見解を比べられると、その違いは歴然となることがこの実**

験からわかっています。自分が心から信じていない見解を述べても、表情の乏しさや言説の具体性の乏しさからウソが露呈してしまうのです。

さて前フリが長くなりました。本問のケースで解説しましょう。

本問の場合だと、**④が正解です**。一般的な就職活動の場合、第一志望と第二志望の企業はライバル関係にあったり、同じ製品を扱う同企業の場合がほとんどです。したがって、第一志望と第二志望の企業についての質問は、好比較の質問となります。

そしてその質問に続き、こんなふうに問いかけます。

「弊社はライバル企業について、否定的に見るのではなく、徹底的に分析できる視点のある人物を求めています。これは第一志望の弊社と同じくらいライバル企業のことも好きでないとできないことです。このことを踏まえて第二志望の志望理由を聞かせて下さい」

こうした前フリを入れることで、**第二志望の志望理由も第一志望と同程度に述べようとするインセンティブ**が働きます。

第一志望と第二志望の志望理由を述べているときの応募者の言動に注意してみてください。表情が豊かで、理由付けがより豊富な方が本当の第一志望の可能性が高いと考えられます。

なお他の選択肢のような質問をした場合、次の理由で本音を聞き出す質問としては不適切です。

①弊社に入れなかったら、どこの企業に行きたいですか？

この選択肢は、悪魔のささやき質問に該当しますが、「弊社に入れなかったら……」というネガティブな前提を置くことによって、「え！　落ちる可能性が高いってこと？」「自分はボーダースレスレにいる？」などといった心理的圧迫を応募者が感じてしまい、応募者が落ち着いて話をする状態ではなくなってしまう可能性があります。

この他にも心理的圧迫を与えるような質問をすると、ウソをつくことによって生じる「ウソがバレないだろうか？」という恐怖心と圧迫質問によって生じる恐怖心とが混ざってしまい、両者を見分けることができなくなります。原則的に圧迫質問は避けるべきです。

②弊社の入社志望度は10段階で評価したらどのくらいになりますか？

「御社が第一志望です」と言う応募者は、この質問に対しても「10です！」と言うでしょう。この場面では効果的とはいえない質問です。

③弊社ではあなたのやりたいことはできないと思います。それでも入社を希望しますか？

①の質問と同様、応募者に余計な心理的圧迫を与えてしまう可能性があり、応募者の本音から遠ざかる質問です。

言語の違いがジェスチャーの意味を変える

第3章で万国共通なジェスチャーとして、首を縦に振って肯定を示す動作と、首を横に振って否定を示す動作を説明しました。この動作自体はもちろん万国共通なのですが、言語間の違いによって動作の意味が変わることがあるのです。次の事例を見てください。

A：あなたはヘビが好きですか。
B：いいえ、嫌いです。
A：あなたはヘビが嫌いなんですね。
B：はい、嫌いです。

「いいえ」のとき首は横に振られ、「はい」のとき首は縦に振られます。
このやり取りを英語にしてみましょう。

A：Do you like snakes?
B：No, I don't.
A：Don't you like snakes, do you?

B：No, I don't.

両者とも"No"なので、首が横に振られます。

同じことを聞いていているのに、言語の返答パターンの違いに連動して動作にも違いが出てきてしまうのです。

英語の世界では、肯定はどんな聞かれ方をしても肯定、否定はどんな聞かれ方をしても否定です。日本語の世界では、肯定・否定は「はい」「いいえ」という言葉そのものが決定しているのではなく、その状況や「はい」「いいえ」の後に続く言葉が決めているのです。

したがって、動作単体で解釈するのではなく言葉との関連の中で解釈する必要があるのです。

美容院にて、頭を洗ってもらっている私。

美容師さん：どこかかゆいところはありませんか？

私：はい。……。

別の日にて。

美容師さん：どこかかゆいところはありませんか？
私：いいえ。……。
結局、かゆいところがあるのか、ないのか、わかりませんね……。

C H A P T E R I

最終章

相手を見抜く実践エクササイズ

本章の模擬交渉実験は Elfenbein, H. A., Foo, M. D., White, J. B., Tan, H. H. & Aik, V. C. (2007). Reading your counterpart: The benefit of emotion recognition accuracy for effectiveness in negotiation Journal of National Behavior, 31, 205-223. を参考に実施しました。

本章では、これまで学んできた知識を駆使して実践力を磨きます。

様々なシチュエーションの中でみなさんがインタビューする側だとしたら、対峙《たいじ》している回答者をどう観察し、どんな質問をし、どんな態度で接して、回答者の言動を解釈するか考えながら読み進めてみてください。

本章でこれまで説明してきた知識に息吹を吹き込み、みなさんのスキルとしてください。

◆交渉・商談で相手を見抜く

交渉・商談で相手の本音を見抜く実践力を磨きます。

一言に交渉と言ってもその規模や種類は様々で、店頭販売、保険の外交、法人同士の商談などがあります。広い意味では結婚のプロポーズだって交渉ですし、子どもがおもちゃをおねだりするのも交渉です。

様々な交渉の形がありますが、あらゆる交渉の場で共通して行われることは、双方の利害のすり合わせです。交渉の場でお互いが自分の望みを正直に表明することができれば、双方にとって最適な条件を見いだすことができるかも知れません。

しかしそうした行為は同時に自分の弱みを交渉相手に開示することにもつながるため、ストレートに自分の手の内を明かすわけにはいきません。相手にも同じことが言えます。

そうだからこそ、交渉相手の言外の意味から生じる本音を推定することで相手の利害の幅を見積もり、自分にとって有利な、もしくはお互いがハッピーになるような結論を導き出せるのです。

それではこのプロセスを実践していただきます。

法人同士の商談を想定した模擬交渉実験の様子を用いて、みなさんの非言語読解能力を試していただきます。まず、みなさんは売り手の立場になり、買い手のあらゆる情報を読み、買い手の本音を推定してください。

交渉問題①

次の交渉条件を読んでください。あなたは商品の売り手であると仮定しながら、買い手の本音を推定してください。買い手の言動の後に適宜、空欄が設けてあるので買い手の本音について読みとれたことを書き記してください。

売り手の交渉条件：

あなたは清水工業のセールスマネージャーです。

あなたの目的は、青木工業の購買マネージャーに対して、ある電球の売買交渉をすることです。この電球は特殊な製品なので、交渉先は限定されています。あなたの知る限り、現状、電球を使用しているところは青木工業と村田工業の2社しかありません。

あなたはすでに村田工業と電球の売買交渉を済ませており、村田工業は300円だけを支払う意思があることを確認しています。

ところが、あなたは、この価格を低いと見積もっており、青木工業にもっと高値を要求できるのではないかと考えています。あなたは青木工業が自社以外に何社の供給業者と交渉しているかわかりません。

あなたはなるべく高い値段で青木工業に電球を売りたいと考えています。しかし、販売価格だけを考慮するわけにはいきません。輸送時期、取り付け、支払い時期についても考慮する必要があります。

・輸送時期

あなたはなるべく早く電球を輸送しなくてはいけません。清水工業の倉庫は現在、電球を置くスペースがないため、電球を他社の倉庫に有料で保管しています。青木工業が電球の輸送時期を引き延ばせば引き延ばすほど、電球を保管するための倉庫のレンタル費用がかかります。

・取り付け

もしあなたが青木工業のために電球の取り付けまで行うとしたら、取り付け費用を別途青木工業に請求できます。電球の取り付けは、基本サービス外のオプションの扱いなので取り付け費用を別に請求できるのです。青木工業がいくら支払うかによって、あなたは青木工業のために「完全取り付け」か「部分的取り付け」かを選択できます。

・支払時期

あなたは青木工業に電球を輸送後、１週間以内に支払いを済ませてほしいと思っています。そうすれば、自社の供給業者の支払いにそのお金を使うことができるからです。あなたにとってこれは非常に重要なことです。

青木工業と支払時期に関して同意を得ることは好ましいですが、これは義務ではありません。村田工業との取引の方がより良いと思うならば、村田工業と取引しても構いません。村田工業は、３週間の輸送時期、完全取り付け、３週間後の支払い、という条件で電球を３００円で購入する意思があります。

・取引に関わる損益表

青木工業との取引において次の表を参考にすることができます。青木工業も取引に関わる損益表を持っています。清水工業も青木工業もお互いの損益表を見ることはできません。なお青木工業の損益表は本節の最後に記します。

取引に関わる清水工業の損益（電球１個に対する損益）

決定	清水工業の利益
売り値	
300円	0円
1,200円	900円
2,100円	1,800円
3,000円	2,700円
輸送時期	
１週間	1,200円
２週間	600円
３週間	0円
取り付け	
完全取り付け	0円
部分取り付け	75円
取り付けなし	150円
支払い時期	
１週間後	1,200円
２週間後	600円
３週間後	0円

交渉スタート

交渉開始時の買い手の様子→交渉条件の書類に目を落としている。

①気付いたことを書いてみよう

売り手（清水工業）：清水工業の長塚です。

買い手（青木工業）：あ、よろしくお願いします。青木工業の池田です。

売り手（清水工業）：早速なんですけれども、こちらといたしましては、あのー、売り値の方としては今、３２００円で考えていまして、いかがでしょうか？

買い手（青木工業）：その３２００円のですね、こちらとしてもあるのが、まず、輸送時期について……。

②気付いたことを書いてみよう

売り手（清水工業）：そうですね。総合的に考えて行きましょう。輸送時期としては、１週間で考えているんですけど、いかがですか？

買い手（青木工業）：１週間ですか。はい。

売り手（清水工業）：１週間でよろしいですか？

買い手（青木工業）：はい、とりあえず。１週間で、はい。

売り手（清水工業）：取り付けの方はいかがお考えでしょうか？

買い手（青木工業）：あのー特殊な電球ですから、できればそちらの方

でお願いしたいと思っているのですけど。

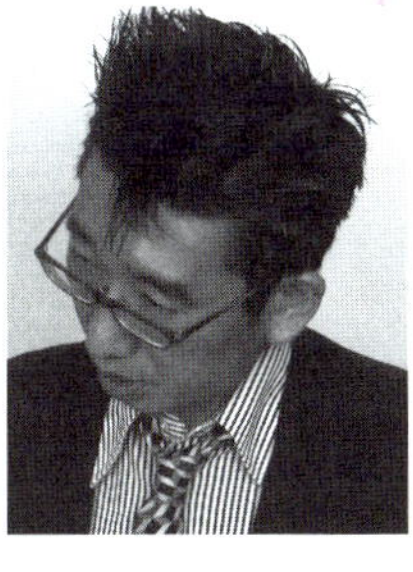

③気付いたことを書いてみよう

売り手（清水工業）：それでは、完全取り付けということになってしまいますかね？

買い手（青木工業）：そうですね、そうすると……。

④気付いたことを書いてみよう

売り手（清水工業）：わかりました。完全取り付けということで。

買い手（青木工業）：はい。

売り手（清水工業）：お支払いなんですが、できましたら当日ということでお願いしているんですけど。

買い手（青木工業）：あ～そうですね、こちらとしては決算の時期等ありますので、できれば取り付け後、3週間後……。

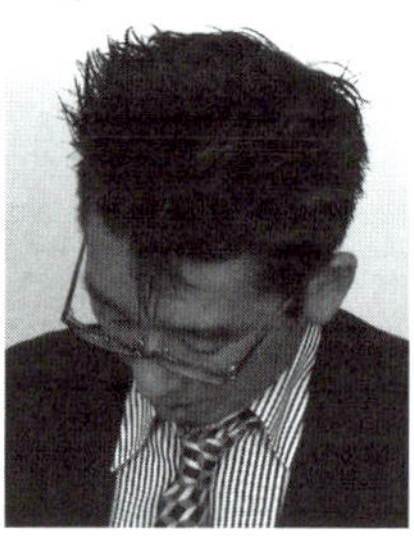

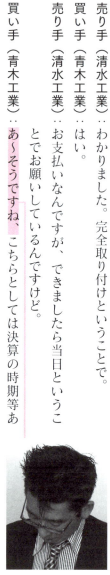

⑤気付いたことを書いてみよう

売り手（清水工業）：それはちょっと、私どもとしても厳しいので、では、総合的に考えさせて頂いて、例えば、取り付けをこちらの方で完全に取り付けさせていただくということで、当日が厳しいと言うことでしたら1週間ではいかがでしょうか？

買い手（青木工業）：1週間ですか……。

売り手（清水工業）：その代わりこちらで完全取り付けをさせていただきます。

買い手（青木工業）：えっと、完全取り付けというのは、それは……えーと。

売り手（清水工業）：こちらで取り付けるということです。特殊なもの

ですので。そちらの方で取り付けるのは……。

買い手（青木工業）：ええ、人がいないものですから。

売り手（清水工業）：そちらの方をこちらで負担して取り付けさせていただきますので。

買い手（青木工業）：そうなりますと……。

売り手（清水工業）：よろしいですか？

買い手（青木工業）：ちょっとお待ちください。

最初の時点の売値が3200円というところから……。

⑥気付いたことを書いてみよう

売り手（清水工業）：はい。

買い手（青木工業）：取り付けの費用はそちらでお願いできる……。

売り手（清水工業）：そうですね。

買い手（青木工業）：ということですよね。

売り手（清水工業）：その分、できましたら支払いは1週間ということでお願いできますでしょうか？　もしそれが可能でしたら、こちらで取り付けさせていただきたいと思っているんですが……。よろしいですか？

買い手（青木工業）：えっと…ですね、その取り付けというのなんですけど……。

売り手（清水工業）：はい。

買い手（青木工業）：ごめんなさい。私としては、特殊な電球というのを聞いているんですけど……。

売り手（清水工業）：はい。

買い手（青木工業）：そちらから取り付けマニュアルというものなどをお借りして、こちらで取り付けることも可能、と。

売り手（清水工業）：はい、そうですね。それではそちらで全てやっていただける……。

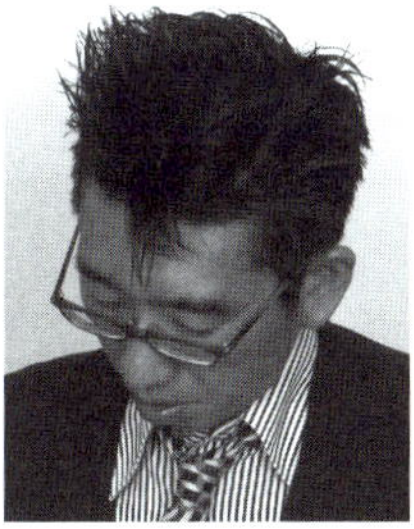

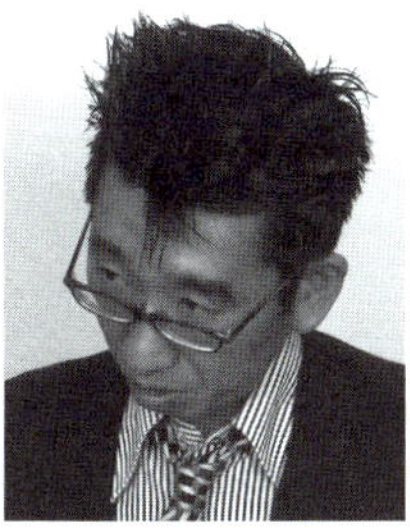

買い手（青木工業）：ということも可能なのですね。それで、支払いの時期をちょっと待って頂きたいのですが。

⑦気付いたことを書いてみよう

売り手（清水工業）：どのくらいでしょうか？

買い手（青木工業）：理想は、そう、えーと……。

売り手（清水工業）：電球の金額の部分は大丈夫ですか？

買い手（青木工業）：と言いますと、買い値が３２００円の件……。

売り手（清水工業）：はい。それでしたら、３週間……。

買い手（青木工業）：3週間かぁ。

売り手（清水工業）：う～ん、2週間ではいかがですかね？

買い手（青木工業）：では、えーと……そっかー、2週間ですよね。

売り手（清水工業）：はい、そうです。2週間にして頂いて、取り付けはなしで、輸送は1週間ということで大丈夫ですよね。

買い手（青木工業）：そうです、そうです。

売り手（清水工業）：金額が3200円。

買い手（青木工業）：はい…あ～なるほど…そうですね……。

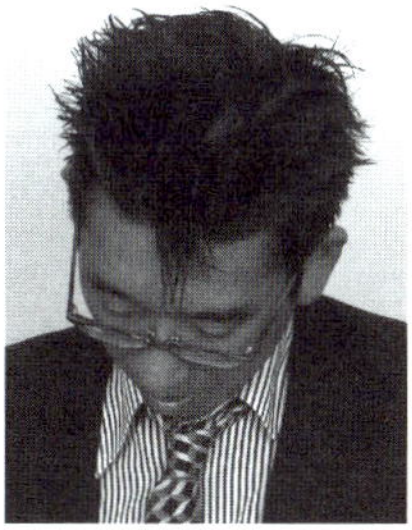

売り手（清水工業）：私どもといたしましても……。

買い手（青木工業）：それが精いっぱい……。

売り手（清水工業）：ここで決めていただけると…じゃあ、わかりました。輸送を1週間。お支払いを1週間にして頂いて、こちらで完全に取り付けるとなったら、電球の価格を3000円ということにできるのですが。いかがでしょうか？

買い手（青木工業）：確認させていただいてよろしいですか？

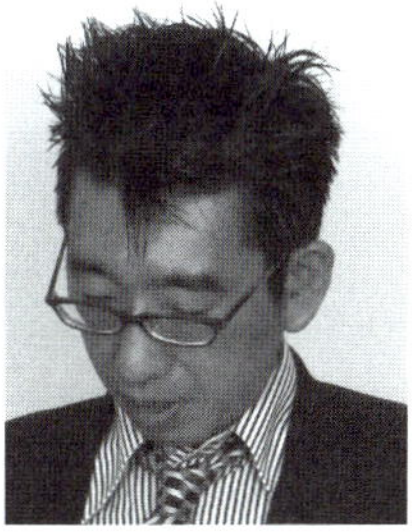

売り手（清水工業）：はい。

買い手（青木工業）：3000円で、輸送は。

売り手（清水工業）：1週間。その代わりこちらで全て取り付けさせて頂きます。それでお支払いの方が1週間。いかがでしょうか？

買い手（青木工業）：なるほど……。

⑧気付いたことを書いてみよう

売り手（清水工業）：こちらの方でもだいぶ……。

買い手（青木工業）：そうですよね。勉強していただいていることはわかりました。

売り手（清水工業）：それでよろしいでしょうか？

買い手（青木工業）：そうですね…。

売り手（清水工業）：申し訳ありません。これから次の打ち合わせの時間が押してまして……。

買い手（青木工業）：わかりました、じゃあ、その条件でお願いします。取り付けはお願いします。で、輸送は1週間、支払時期は1週間後ということで。電球の値段は３０００円ですね。では、どうぞよろしくお願いします。

解答・解説

①気付いたことを書いてみよう（１７３ページ）

交渉現場のまさにそのときまで交渉条件に目を通しているということは、交渉の損益構造を理解しきれていない可能性が考えられます。認知的な負担を与えることで、売り手側に有利に進めることができそうです。

②気付いたことを書いてみよう（１７４ページ）

交渉の損益構造と照らし合わせているのでしょうか。何を考えているのでしょうか。いずれにせよ売り手の方を見る余裕がないようです。提示された売値に正面から交渉することを避け、輸送時期に話題を変えています。自分が話題のリードを取ろうとしているのかもしれません。

③気付いたことを書いてみよう（１７５ページ）

交渉を開始して初めて売り手の方を見ようと首が動きました。ここから買い手が「取り付け」に興味があることが推定できます。

とがわかります。

④気付いたことを書いてみよう（176ページ）

上を見上げて考えています。損益構造を完全に把握していないか、計算に時間がかかってることがわかります。

⑤気付いたことを書いてみよう（177ページ）

依然として売り手の方を見る余裕がないようです。「3週間」と懇願するときに、売り手の方を見ています。この場面のような認知的な負担が高まっているときに、人はウソをつくのが困難だとされています。「3週間」という条件は本音の可能性が高いと推定できます。

⑥気付いたことを書いてみよう（178ページ）

「完全取り付け」「支払時期1週間」という売り手の提示から、上下を見たり、目を閉じて損益を計算している様子がわかります。このせわしない様子から、戦略的に決定を渋っているのではなく、単純に買い手に余裕がないことが推定できます。

⑦気付いたことを書いてみよう（180ページ）

売り手には買い手の損益情報が見えていないため、買い手が「取り付けなし」にして「支払時期」を遅らせようとしている戦略が脅威に映るかもしれません。「完全取り付け」「支払時期1週間」だと売り手の利益は1200円ですが、「取り付けなし」「支払時期3週間」だと売り手の利益は150円になってしまいます。
しかし買い手は交渉の最初の段階で、「取り付けのお願い」と「支払時期3週間」を言葉で提示し、動作も同様に関心があることを示していました。この発言を覚えていれば、このとき買い手は何らかの戦略を練っていたのではなく、損益を計算するのに混乱しているだけの可能性が高いと推定することができます。

⑧気付いたことを書いてみよう（182ページ）

交渉の最後の段階に至るまで、損益の計算に神経を集中させてしまい、売り手の方を見る余裕がない状態が続いています。

交渉条件すなわち損益表の理解不足によって、交渉をするということ＝売り手の動向を見ながら戦略を変えるということに買い手が集中できていない様子がわかります。これでは売り手が、いつ、どんな条件に関心を示し、時に難色を示し、感情を揺れ動かしているのかわかりません。

売り手としては、このような買い手の様子から**「自分の手の内を見透かされることなく、自分のペースで交渉を進められるな」**と感じることでしょう。

似たようなことが、商品の知識不足ゆえにお客様の所作を無視したセールスマンにもみられます。こうしたセールスマンは商品の説明が書いてあるパンフレットばかり見て、お客様の所作を見る余裕がないのです。

これでは、お客様の「欲しい」「もっとここの説明が聞きたい」「興味ない」がわかるわけがありません。よいセールスができないことは明白です。交渉、セールス……何事にも入念な準備をするからこそ、対面での生きたやり取りに集中できるのです。

それではもう1問、交渉問題にトライしていただきたいと思います。

交渉問題②

次の交渉条件を読んでください。あなたは商品の売り手であると仮定しながら、買い手の本音を推定してください。買い手の言動の後に適宜、空欄が設けてあるので買い手の本音について読みとれたことを書き記してください。

売り手の交渉条件：交渉問題①と同じです。

交渉スタート

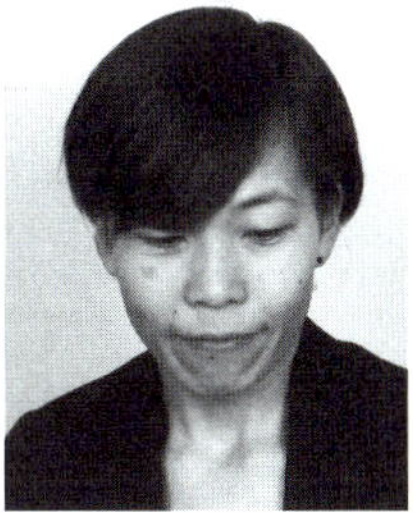

交渉開始時の買い手の様子→交渉条件の書類に目を落としている。

①気付いたことを書いてみよう

売り手（清水工業）：清水工業の長塚と申します。よろしくお願いいします。

買い手（青木工業）：よろしくお願いします。青木工業の森本と申します。

売り手（清水工業）：よろしくお願いします。早速なんですけど、こちらの方としましては、今、売値の方を３２００円ということで考えているのですけど、御社はどの

ように考えていらっしゃいますでしょうか？

②気付いたことを書いてみよう

買い手（青木工業）：そうですね、ちょっと3200円では厳しいところはありますね。例えばなんですが、どれくらいお下げできるとか、最低価格とかございますか？

③気付いたことを書いてみよう

売り手（清水工業）：こちらの方といたしましても、今、この価格で考えておりまして、輸送時期とか取り付け、支払時期もありますので、ちょっと総合的にお話しさせていただいてもよろしいでしょうか？

買い手（青木工業）：はい。ぜひお願いします。

④気付いたことを書いてみよう

売り手（清水工業）：輸送時期といたしましては、今、なるべく早くということで1週間と考えております。

買い手（青木工業）：はい。1週間。はい。

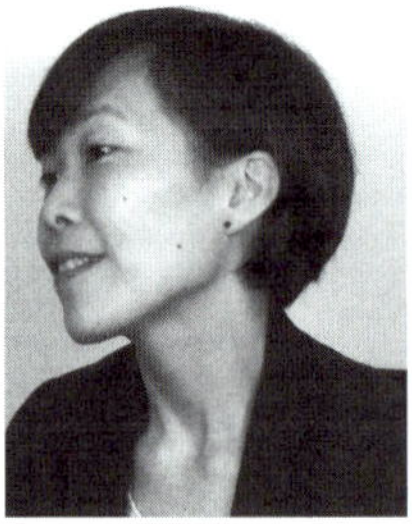

⑤気付いたことを書いてみよう

売り手（清水工業）：取り付けに関しましてですが……取り付けの方はいかがですか？

買い手（青木工業）：そうですね、できれば全面的にお願いさせていただければと思っているのですけど。こちらの方、完全取り付けというのは今現在行っていない状況でしょうか？　それとも行える状況でしょうか？

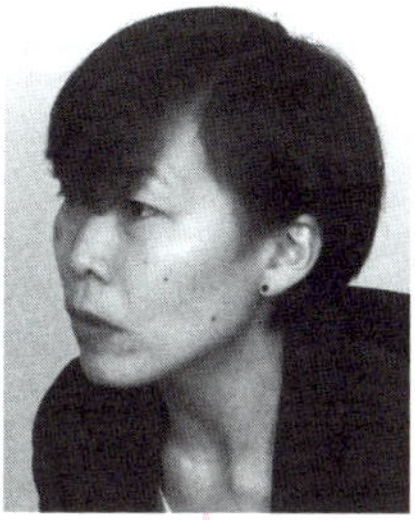

⑥気付いたことを書いてみよう

売り手（清水工業）：完全取り付けとなりますと、こちらの方も負担がかかりますので……。

買い手（青木工業）：そうですよね。はい。

⑦気付いたことを書いてみよう

売り手（清水工業）：そうするとやはり金額の方が、なかなかお下げするのが難しくなってしまうのですが……。

買い手（青木工業）：ええ、はい。

売り手（清水工業）：支払時期に関してなのですが、今、当日と考えていまして。

買い手（青木工業）：はい。

売り手（清水工業）：他社さんも当日で、とお話しさせていただいているんですが、そちらの方はいかがですか？

買い手（青木工業）：そうですね、当日というのはどの時点でということになるのですか？　できるだけ早いお支払いをこちらも考えておりますので。

売り手（清水工業）：1週間くらいではいかがでしょうか？

買い手（青木工業）：そうですね。1週間くらいでしたら、あのーもちろん、お支払することは可能なのですが、ただ、輸送時期が今、1週間ということですので、まぁ、輸送していただく時期と合わせてのお振込みと考えていただければと思うんですね。

で、ただ取り付けの方は、ちょっとこちらで取り付けられる者がいない状況でして、出来れば完全取り付けも含めた、そこはお任せしていきたいなと考えております。

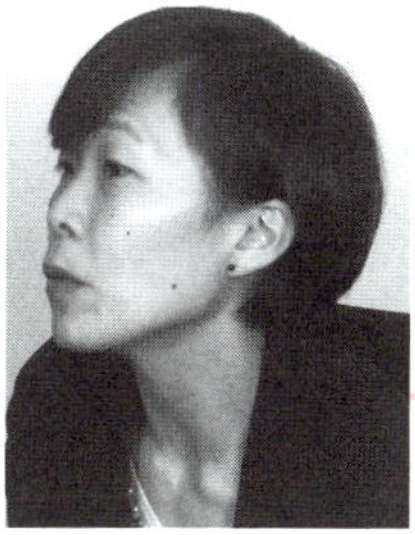

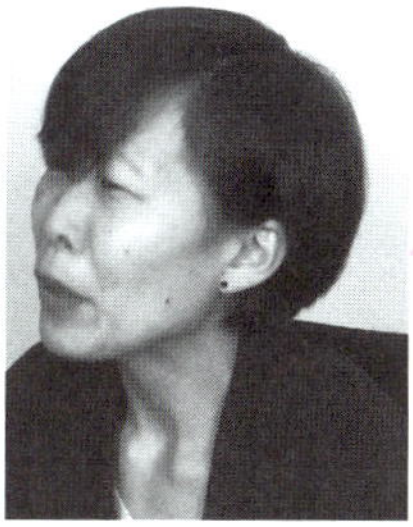

⑧気付いたことを書いてみよう

売り手（清水工業）：そうすると、やはりどうしても完全取り付けとなりますと、金額の方がなかなかちょっと、お下げすることが難しくなってくるのですけれども……。

買い手（青木工業）：ええ、はい。えーと、完全取り付けの状態ですと……。

売り手（清水工業）：今、お話している３２００円と……。

買い手（青木工業）：それより下になることはないのですかね？

売り手（清水工業）：そうですねぇ。

買い手（青木工業）：ちょっとこちらとしても、完全取り付けは凄く助かるのですが、価格の方が３０００円となってきますと……。

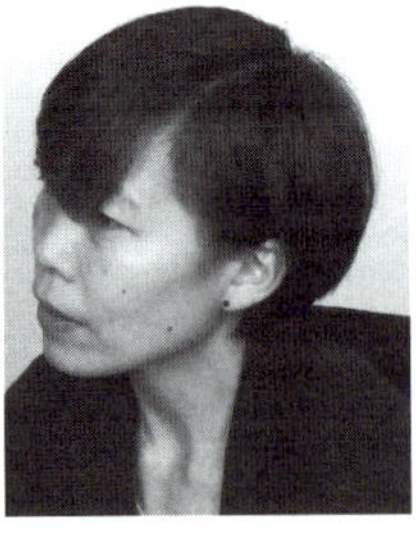

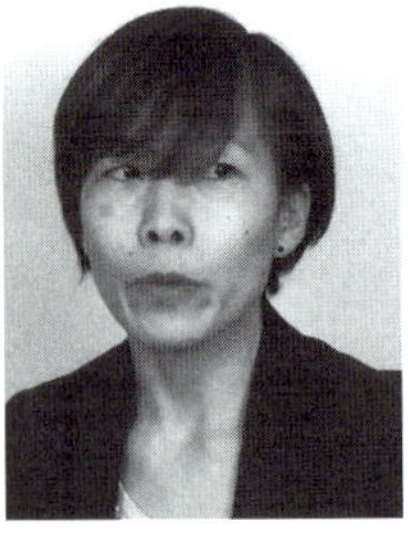

⑨気付いたことを書いてみよう

売り手（清水工業）：あの～……3200円です。

買い手（青木工業）：あ、3200円ですね。失礼しました。3200円ですと、他社さんから提示されている価格よりも少し上になってきてしまいまして……。

売り手（清水工業）：では、おいくらだとお考えでしょうか？

買い手（青木工業）：そうですね、あと1000円くらい下げていただ

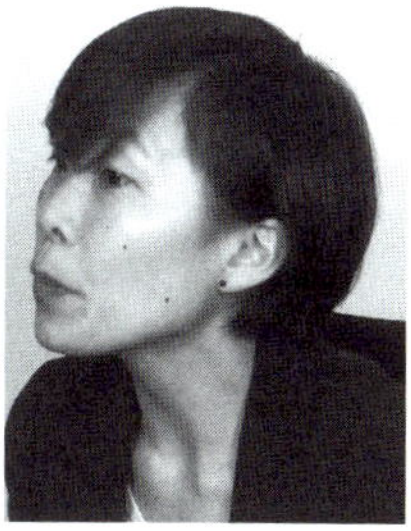

ければと思うんですが、

売り手（清水工業）：う〜ん、そうですね、そうすると2200円くらいですか？

買い手（青木工業）：そうですね。

売り手（清水工業）：それでは、完全取り付けということを踏まえて……。

買い手（青木工業）：これよりも安くしてしまうということはこちらとしても、完全に取り付けて頂くので、それはちょっとさすがにないな、と思っています。ただ、例えば、3000円を超えてきてしまうと、少し、そちらから定期的に追加注文するという話は……。

売り手（清水工業）：こちらの方としましても、完全取り付けになってしまうと、どうしても特殊な技能になってきますので、3000円までは1週間後のお支払いということですし、下げられると思うのですが……3000円では、ちょっと厳しいですか？

買い手（青木工業）：3000円以内でお願いしたいですね。あのーお支払いの方がすぐにということであれば、お支払いすることもお約束いたしますので。

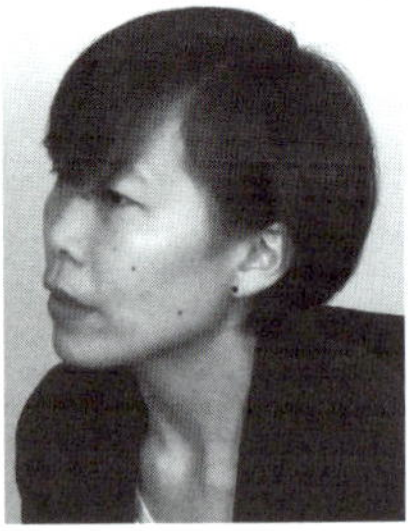

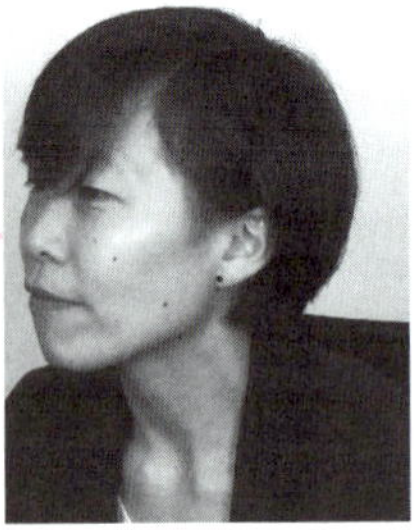

⑩気付いたことを書いてみよう

売り手（清水工業）：はい、わかりました。3000円ではちょっと厳しいということであれば、2800円くらいでしたらいかがでしょうか？

買い手（青木工業）：2800円……う～ん、2800円かぁ……。

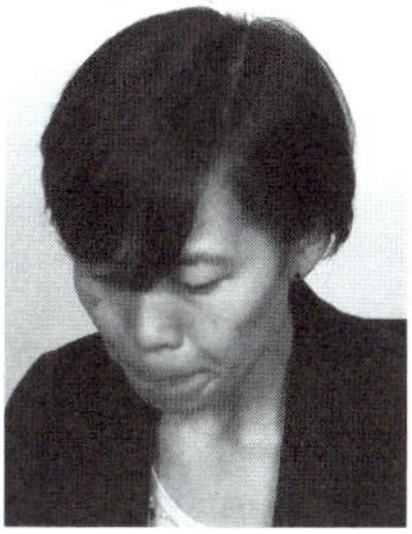

⑪気付いたことを書いてみよう

売り手（清水工業）：3000円以内ということでしたので、その代わり、こちらとしては完全に取り付けという、こちらの業者の者が行きますので。そちらで大丈夫ですか？

買い手（青木工業）：え～はい、そうですね。輸送の方も1週間でして頂けると……。

売り手（清水工業）：はい、もちろん。輸送も1週間でやらせて頂きます。

買い手（青木工業）：ありがとうございます。もう一声というところで、どうでしょうかね？

売り手（清水工業）：3000円以内ということでしたので……。

買い手（青木工業）：2500円では？

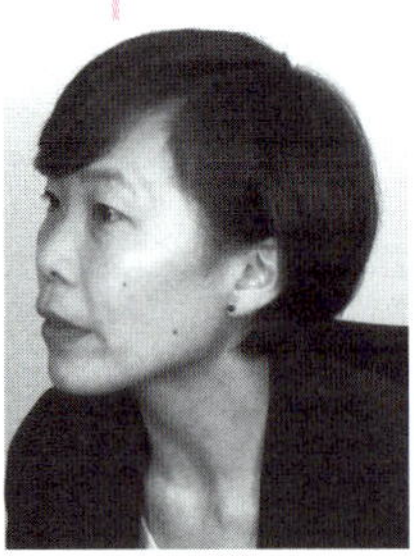

売り手（清水工業）：完全取り付けということになっておりますので、それはちょっと私どもといたしましても厳しい状態ですね。

買い手（青木工業）：そうですか。２８００円……。

売り手（清水工業）：だいぶ、でも、お下げしたと思うんですが……。

買い手（青木工業）：そうですね、かなり下げていただいたと思うんですが、ちょっと今、鈴木工業さんとですね、そうですね、鈴木工業さんからもお話をいただいておりまして、偶然なのですが、２８００円で完全取り付けの１週間という、本当に今、一緒の状況ですので、今、ちょうど……。

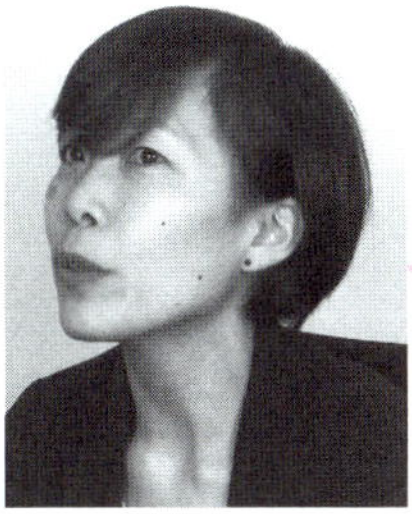

⑫気付いたことを書いてみよう

売り手（清水工業）：わかりました、では、2700円でいかがでしょうか。

買い手（青木工業）：もう一声、どうでしょうか？かなり下げていただけたのは凄くわかるのですが……もう100円どうですか？

売り手（清水工業）：じゃあ、2600円で。

買い手（青木工業）：2600円でしたらもう確実に。はい。お願いしたいと思います。それでは、輸送とお支払いが1週間で。

売り手（清水工業）：こちらの方としても完全に取り付けさせて頂きますので。

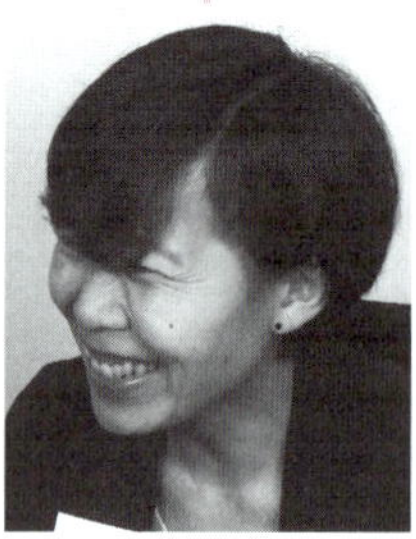

買い手（青木工業）：はい、ありがとうございます。よろしくお願いいたします。

解答・解説

①気付いたことを書いてみよう（187ページ）

交渉条件の損益表に目を落としているものの、損益表について理解不足というより最終確認をしているようです。なぜそのように考えられるかと言うと、口角が上がり、笑顔が形成されているからです。幸福というリラックスした状態で、損益表の内容を理解するという集中度の高いことをする可能性は低いと考えられます。

②気付いたことを書いてみよう（188ページ）

売り手に笑顔を向けています。笑顔は「あなたは私の仲間です」というメッセージを伝えます。笑顔を見せられることによって無意識に譲歩をしてしまいやすい状態になります。安易な譲歩はしないように気を付けなくてはいけません。

③気付いたことを書いてみよう（189ページ）

厳しい表情ではないものの、真剣な表情で売り手を見ながら、売り値について受け入れられない旨を伝えています。3200円を通すことは難しそうです。またこの様子から、他の条件についてもストレートに売り手の条件を通すのは難しそうです。

④気付いたことを書いてみよう（190ページ）

他の交渉条件に場面が切り替わると同時に笑顔になり、「私はあなたの仲間です」というメッセージを再度伝えようとしていると考えられます。今のところ売り値は受け入れられないが、他の条件なら気持ちを新たに話を聞きますよ、という状態であると考えられます。

⑤気付いたことを書いてみよう（190ページ）

目が見開き、口角が引き上げられています。「輸送時期1週間」に関心が高いと考えられます。先の売り値のときの表情と比べて違いが一目瞭然《いちもくりょうぜん》です。交渉相手にある交渉条件を提示したときに、この表情――特に「目の見開き」の微表情――が表れた場合、現状にあがっている条件を譲歩する必要はなく、そのままの条件を通せる、場合によっては、条件を自身の側に有利なように引き上げられる可能性が高いです。

⑥気付いたことを書いてみよう（191ページ）

目の見開きが大きいことから、大きな関心があることがわかります。また「完全取り付け」に力点を置いているようです。

⑦気付いたことを書いてみよう（192ページ）

悲しみ表情をしています。悲しみは、「大切なヒト・モノの喪失」によって引き起こされます。「完全取り付け」もしくは「値段が下がらない」もしくはその両方の可能性について悲しみを抱いている可能性が考えられます。

⑧気付いたことを書いてみよう（194ページ）

1枚目の写真では、眉を引き上げ売り手をしっかり見ています。2枚目と3枚目の写真では、眉の内側が引き上がり悲しみ表情が表れています。悲しみという感情は、人に何か懇願するときにもなされます。この表情と言葉から、「完全取り付け」が買い手にとって重要な条件だということが推定できます。

⑨気付いたことを書いてみよう（195ページ）

眉を下げ、困難な状態を訴えています。現在、売値が3200円なのに、3000円と言い間違えた背景には、3000円よりも引き下げてもらいたい、という心理が反映されている可能性が高いと考えられます。

⑩気付いたことを書いてみよう（197ページ）

眉が引き下げられ、唇に力が入れられています。状況的に熟考および認知的な負担を抱えている表情であると考えられます。3000円でも納得していないようです。

取引に関わる青木工業の損益（電球１個に対する損益）

決定	青木工業の利益
買い値	
300円	2,700円
1,200円	1,800円
2,100円	900円
3,000円	0円
輸送時期	
１週間	1,200円
２週間	600円
３週間	0円
取り付け	
完全取り付け	1,200円
部分取り付け	600円
取り付けなし	0円
支払い時期	
１週間後	0円
２週間後	75円
３週間後	150円

⑪気付いたことを書いてみよう（198ページ）

言葉と表情が熟考を示しています。2800円でも難しそうです。

⑫気付いたことを書いてみよう（200ページ）

目線を売り手に合わせず、買い手の条件を要求しています。話しながら思考を巡らせている様子がわかります。

買い手は売り手の方をしっかり見ながら交渉を進めています。売り手からの条件提示に対しても、売り手の様子を見ながら熟考しつつ、買い手の主張を伝えています。

交渉問題①のときのように、売り手のペースに乗せるのは簡単ではないことがわかります。ただし時折見せる表情や言動の変化から、買い手の本音を推定することができます。買い手がどんなときに感情のブレを生じさせ、どの発言が本音なのか。

本問題でお伝えしたかったことは、買い手をよく観察しながら、様々な条件提示を調整することで、お互いの終着点を見いだすことができるということです。

本節の最後に、交渉問題①と②の交渉結果を記しておきたいと思います。問題中で推定した事柄がどれだけあっていたか、また買い手の態度がどれだけ交渉結果に影響を与えたのかを見るための参考にしてください。

交渉問題①の交渉結果：
売り手の利益：５１００円
買い手の利益：２４００円

交渉問題②の交渉結果：
売り手の利益：４７００円
買い手の利益：２８００円

◆面接採用場面で相手を見抜く

面接採用の場面で応募者の本音を見抜く実践力を磨きます。

面接では短時間で応募者の資質や能力、可能性を判断しなくてはいけません。そのためには、面接に臨む応募者が面接のために用意してきた回答以上のものを、全てさらけ出してもらえるよう、面接の場を醸成する必要があります。

それでは実践していきます。２つの模擬面接実験の一部始終を用いて、応募者の本音を見抜く練習をしていただきます。みなさんは面接官になったつもりで応募者の言動を解釈してください。

これまで学んできた知識を総動員して、応募者の本音を見いだしてください。

状況1：面接官が応募者の将来の夢について聞いている場面です。

問題1：応募者の言動の後に適宜、空欄が設けてあるので応募者の本音について読みとれたことを書き記してください。また「☛チェック」となっているところは、どんな意図の質問なのか考えてみてください。

面接スタート！

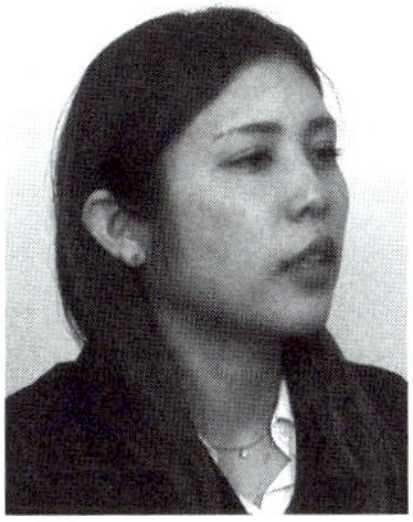

応募者の面接開始時の表情

①気付いたことを書いてみよう

面接官：将来の夢を聞かせてください。

応募者：私の将来の夢は、恥ずかしいですね、こういうの。

あのー、映画に出て、海外を行き来するような生活をすることです。

まず、映画に出続ける、それが仕事っていうふうにして、かつ本当に、なんだろ、場所を問わず、自分がグッとくるような、作品に関わり続けていき、

それで異文化とかめちゃくちゃ大好きなので、そこに行って、景色とか洗濯物の色とか服の感じとか街並とか自然とか、そういうようなものをいっぱい見れる、そんな楽しみがありつつ、映画に関われるっていうようなことで、もの凄くど真ん中のワクワク感を持ちつつ、色んな刺激を受けられる生活、感覚を開き続け、「こういう気持ちは持ったことない

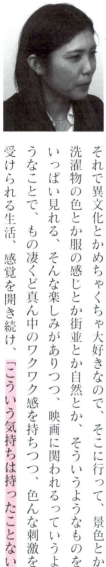

わ」というようなものを感じたいっていうのが夢です。

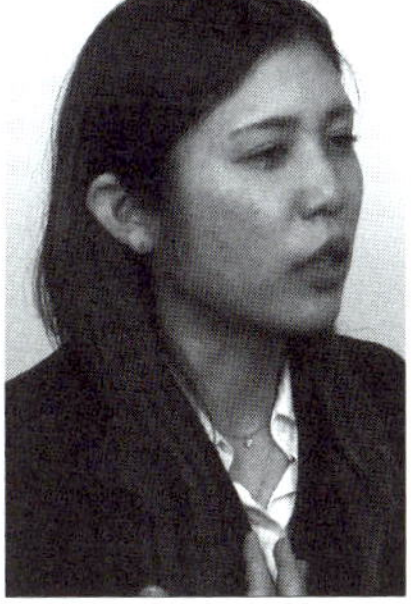

②気付いたことを書いてみよう

面接官：その夢はどれだけリアルに感じていますか？　本気でどれだけそれを実現したいと思っていますか？　例えば10段階評価で言うと。

応募者：あ〜、9！

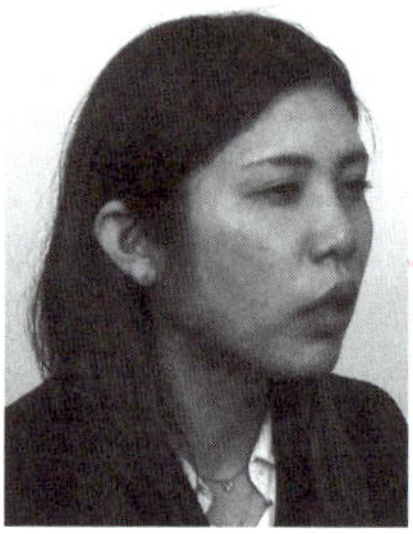

③気付いたことを書いてみよう

面接官：何年後くらいにその夢の足掛かりができたら良いですか？【Aチェック】

応募者：あ〜、うん、2年後です。

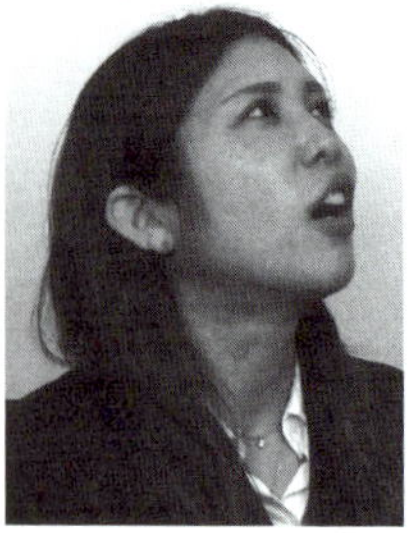

④気付いたことを書いてみよう

面接官：夢実現のために何か具体的なステップはありますか？【Bチェック】

応募者：あの、今は映画監督さんのワークショップを受けています。ハリウッド帰りの監督さんなんですけど、色んなメソッドをご存じなんですね、私はよくわかんないですけど、海外に行っちゃおうかって考えていたんですけど、そのワークショップに出会ってから、そのワークショップの目的が、海外のオーディションに通るためのワークショップなんですね。だから、そこで、何だろ、今日本にいてそのワークショップを受けられている間は、できることをまず徹底的に身に付ける、自分の基準を上げていくことができるかなと思っているので、舞台の仕事もしながら、空いている時間にそうしたトレーニングに通っています。

⑤気付いたことを書いてみよう

面接官：なるほど。ところで海外のオーディションで通りやすくなる秘訣《ひけつ》は何ですか？

応募者：それは、何でしょうね。やろうとしないこと。

面接官：どういう意味ですか？

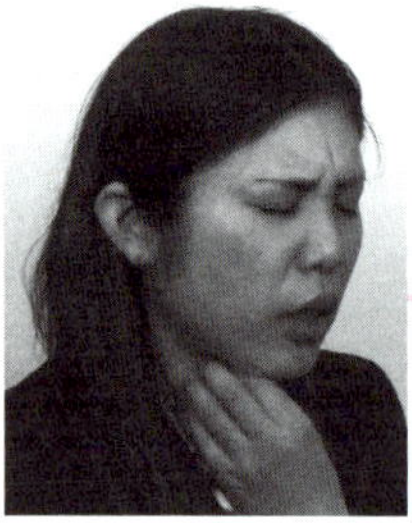

応募者：演じようとしないことって言うか、本当に実感しているのは、リスクをとることってよく言われるのですけど、良く思ってほしい、魅力的に思ってほしい、って思うんですけど、そこを取っ払って、自分でいること、監督曰《いわ》く、「もし本人らしさっていうのがやれれば、それは必ずその人にしかない魅力だから、十分世界でも通る。ただそれはみんなできない。どうしても飾っちゃうから」と。だからそこことの戦いっていうか、自分がカジュアルなつもりでいても、「あ、今、全然、お芝居モードに入っちゃっているね」と言われたら、「あ

〜」ってなります。

⑥気付いたことを書いてみよう

面接官：なるほど。自然体でいることが大切。でもそれは難しいのですね。他に何か準備はしていますか？　例えば……　Do you speak English?（訳：英語を話しますか）【☞Cチェック】

応募者：Ah, just a little bit.（訳：あ〜少し）

⑦気付いたことを書いてみよう

面接官：How do you study English?（訳：どのように英語を勉強しているのですか）

応募者：Ah, So, Actually, I live in a guesthouse. So, there are a lot of foreign people.

（訳：あ～、そう、実際、私はゲストハウスに住んでいます。だから、そこには多くの外国人がいるのです）

⑧気付いたことを書いてみよう

面接官：What is guesthouse?（訳：ゲストハウスとは何ですか）

応募者：Like a sharehouse.（訳：シェアハウスみたいなものです）

面接官：What is a difference between them?（訳：二つの違いは何ですか）

応募者：I think a guesthouse has a lot of foreign people. Sharehouse is so popular in Japan. There are many sharehouse only Japanese, but my sharehouse, ってか、guesthouse is about 50% or 60% foreign people.（訳：ゲストハウスには多くの外国人がいます。シェアハウスは日本でとても人気があります。日本人しか住んでいないシェアハウスがありますが、私の住むシェアハウス、ゲストハウスには半分から半分強の外国人がいます）

⑨気付いたことを書いてみよう

面接官：What is their mother tongue?（訳：彼らの母国語は何ですか）

応募者：Korean, French, Some people came from Australia…（訳：韓国語、フランス語、オーストラリアから来た人もいました）

面接官：I see. Different people speak different languages in your guesthouse.（訳：なるほど。あなたの住むゲストハウスでは色々な言語が飛び交っているのですね）

解答・解説

①気付いたことを書いてみよう（208ページ）

眉間にしわなど寄せておらず、リラックスしているようです。額が見えるので表情は読みとりやすそうです。

②気付いたことを書いてみよう（209ページ）
ワクワクするような将来の話とそれを語る応募者の笑顔が一致しています。「海外を行き来するような生活をすることです」と言い終わったところで、口角が引き上げられ、唇に力が入り、アゴが引かれています。将来の夢を語るのが照れくさいのだろうと考えられます。胸に手を当てながら「こういう気持ちは持ったことないわ」という発言をしており、動作と発言とが一致しています。

③気付いたことを書いてみよう（210ページ）
「あ〜」というパラ言語と眉間に力が入っていることから、しばし熟考していることがわかります。普段、自身の夢を数値で表すことは考えたことがなかったのでしょう。
「9！」と答えた後、笑顔が観られます。具体的な数値を自身の口から発したことによるモチベーションの上昇と解釈できる可能性があります。

Aチェック（210ページ）
この質問は「行動プロセス」に関わる質問です。より具体的な発言を引き出す意図があります。

④気付いたことを書いてみよう（211ページ）
パラ言語と宙を見上げて熟考している様子から、今はじめて自身の夢の足掛かりを具体的な年

数とともに考えたのだろうことがわかります。

Bチェック（211ページ）

この質問は「行動プロセス」に関わる質問です。より具体的な発言を引き出す意図があります。

⑤気付いたことを書いてみよう（212ページ）

具体的な発言内容です。この発言から、応募者が自身の夢実現のためにすでに行動をしていることがわかります。ただ「海外のオーディションに通るためのワークショップ」とは何かについて具体的にはわかりません。より詳しく聞いていく必要があります。

⑥気付いたことを書いてみよう（213ページ）

発言内容と眉間のしわ、マニュピュレーターから、説明することが困難なことを懸命に説明しようとしている姿勢が伺えます。括弧つきの描写もあり、真実味のある発言です。

Cチェック（213ページ）

海外で活躍したいという想いが強いならば、英語は当然準備しているだろうという想定で質問を英語に切り換えています。

⑦気付いたことを書いてみよう（２１４ページ）

下を向いて口角を引き上げていることから、羞恥《しゅうち》表情とわかります。英語を話すのが恥ずかしい、もしくは英語が少ししか話せないことに恥ずかしさを覚えているのだと推定できます。

⑧気付いたことを書いてみよう（２１４ページ）

面接官の「どのように英語を勉強しているのですか？」という質問に対する答えとなっていませんが、ゲストハウスに共に住む外国人から習っていると言いたいのかもしれません。

⑨気付いたことを書いてみよう（２１６ページ）

イラストレーターを伴って応募者は発言しています。ゲストハウスとシェアハウスとの違いがわかるような、わからないような説明ですが、懸命に答えようとしているのがわかります。

この応募者は将来の自身の夢実現に向け、少しずつではありますが、具体的なステップを踏み出していることが伺えます。

興味深い点は、面接が英語に切り替わった途端に応募者の表情や動作が大きくなったことです。英語に内在する動作性によるものなのか、この応募者が英語を話すとテンションの高くなる特性の持ち主なのかわかりませんが、日本語を話しているときとの違いは歴然としています。

なおこの応募者は面接官のオープン質問に対し、多くのことを積極的に自ら語ってくれています。あまり質問テクニックを駆使する必要のない面接であることがわかります。

それではもう1問挑戦して頂きたいと思います。

状況2：面接官が応募者の前職について聞いている場面です。
問題2：応募者の言動の後に適宜、空欄が設けてあるので応募者の本音について読みとれたことを書き記してください。また「👉チェック」となっているところは、どんな意図の質問なのか考えてみてください。

面接スタート！

面接官：前職でのご経験についてお聞かせください。
応募者：えーっと、普通の会社ではなく、NPOで働いていました。それが何て言うんですかね、「木を植えよう」みたいな活動をしていました。給料がよくなくても、社会や人のためになるのであればと思いまして、働いていました。

①気付いたことを書いてみよう

面接官：なるほど。そもそもＮＰＯでの勤務とは興味深いですね。ＮＰＯへの就職というのは具体的にどのような経緯を踏むのですか？【Aチェック】

応募者：普通に、あれなんですよね、ハローワークで募集がかかって。

面接官：ＮＰＯってハローワークで募集しているんですね。

応募者：そうですね。その後、普通に面談して。タウンワークなどの雑誌を見たわけでなく、ハローワークで求人見て。

②気付いたことを書いてみよう

面接官：その当時、ハローワークは何のために行ったんですか？

応募者：ハローワークは、まぁ、要は、単純にその時期、あのー無職になって、次の職探しをしているときに、でかつ、そう言った世の中の、まぁ、もちろん、その、なんて言うんですかね、もう地球にいいことがしたいみたいな信念を持って、何っていうんですか、仕事を探していたわけではないんですけど、ハローワークに行って、そういう条件があって。

③気付いたことを書いてみよう

面接官：どういう条件ですか？【Bチェック】

応募者：あ～条件ですか。

えーとどんな、そうですね、え～、まぁ、お給料云々《うんぬん》というよりは、休みが取れるかどうかみたいなところは重点を置いてましたね。

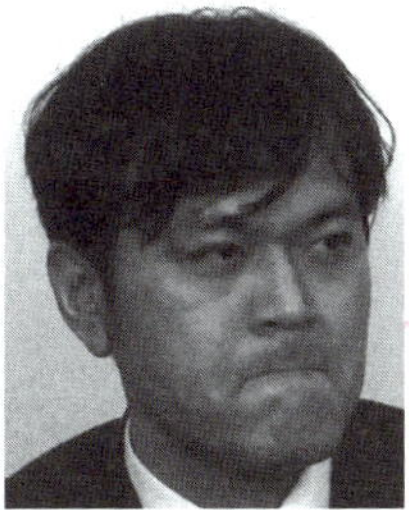

④気付いたことを書いてみよう

面接官：ところで、利用したハローワークはどんなところでしたか？　雰囲気とか。**【Cチェック】**

応募者：ハローワークの雰囲気ですか？　えーっと、何て言えばいいんですかね、なんか、その初めてって言うか、その時初めて行ったんですけど、なんか独特なところ、独特としか言えない。

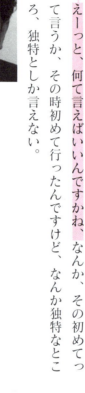

⑤気付いたことを書いてみよう

面接官：建物の何階にありましたか？【Dチェック】

応募者：えっと、何階にありましたかね？　何階だろ？　あんまり大きくないビルの、その1階ではない上の階としか。ちょっと覚えていないですけど。

⑥気付いたことを書いてみよう

面接官：何年前のことですか？

応募者：入ったのが、に、2年ほど前です。

⑦気付いたことを書いてみよう

面接官：わかりました。前職の動機についてもう少し詳しく聞かせてください。地球に良いことがしたいという価値観はどのようなことがきっかけで形成されたのですか？【Eチェック】

応募者：う～ん、地球、何か恥ずかしいですけどね。

地球を守るとか、その守りたいなっていう感じですかね。

⑧気付いたことを書いてみよう

面接官：そうした価値観が形成されたのはいつ頃ですか？【Fチェック】

応募者：単純に小学校とかでそういうこと授業で習いますよね。なんていうんですかね、中学校の先生とかから。小学校の授業が入り口で、実際、自分が志を持った、何でですかね？ 具体的に何かのアクションをきっかけには今思い出せないですね。

⑨気付いたことを書いてみよう

面接官：昔のことで忘れてしまったのですね。【Gチェック】

解答・解説

①気付いたことを書いてみよう（221ページ）

質問の返答において、パラ言語、眉間にしわを寄せ、目を宙に置く熟考表情、唇に力を入れる認知的負担、もしくは感情抑制の表情をしています。この問いはこの応募者にとって答えるのが困難な質問なのでしょうか。疑問が残ります。

Aチェック（221ページ）

行動プロセスに関わる質問から、先の疑問をクリアにする意図があります。

②気付いたことを書いてみよう（222ページ）
眉間にしわを寄せて答えています。熟考表情です。通常の本質問のような「NPOってハローワークで募集しているんですね」というクローズド質問に熟考表情が示されるのは不自然です。クローズド質問は「はい」「いいえ」で答えられる種の質問なので、この質問で熟考表情が示されるということは、この応募者の返答には言葉で語られている以上の意味がありそうです。

③気付いたことを書いてみよう（223ページ）
パラ言語、熟考表情が多いことがわかります。発言がまとまっていないことがわかります。

Bチェック（223ページ）
応募者の「ハローワークに行って、そういう条件があって」という発言を受けての要約質問です。応募者の回答にまとまりがないことから、応募者自身がどこまで自分の発言に自覚的なのか、論理的に物事を考えているかを確かめるためになされた質問です。論理的に考えれば「そういう」という指示語は「地球にいいことがしたいみたいな信念」を指していると考えられます。

④気付いたことを書いてみよう（224ページ）
またここで宙を見上げ、唇をプレスする表情が観られます。
これは熟考表情と認知的負担もしくは感情抑制の表情です。

なぜこれらの表情が観られたかを応募者の発言と合わせて考えると、ウソをついている可能性が濃厚となってきます。「そういう条件」という指示語の内容と発言が矛盾しています。応募者は「どういう条件ですか？」と聞かれ、就職するにあたっての条件を新たに答えてしまっています。

単純に面接官の質問の意図を取り違えている可能性も捨てきれませんが、先の「地球のため」という条件と今回の発言の「休みが取れるかを重視」という条件も整合的ではなく、二転三転する応募者の発言に大きな疑問を抱かざるを得ません。

Cチェック（224ページ）

それでも応募者が真実を述べているということを前提に質問を続けます。この応募者が訪れたハローワークはどんなところだったのでしょうか？　五感情報から探ってみます。

⑤気付いたことを書いてみよう（225ページ）

目の見開きと唇に力が入っていることから、驚き感情を抑制しようとしていることがわかります。しかし微表情として驚きが漏洩《ろうえい》しています。その後、回答までにパラ言語、熟考表情、口ごもりが続きます。肝心の回答内容も「なんか独特なところ」という曖昧《あいまい》なもので、応募者の発言の信憑《しんぴょう》性に疑問が残ります。

Dチェック（225ページ）
しかし、まだウソとは決めつけないで、応募者に記憶を呼び起こしてもらえるように質問を続けます。

⑥気付いたことを書いてみよう（225ページ）
マニュピュレーターが観られます。回答は依然として曖昧なままです。

⑦気付いたことを書いてみよう（226ページ）
口ごもりおよび熟考表情、認知的負担もしくは感情抑制の表情をしています。

Eチェック（226ページ）
これ以上、ハローワークの描写を聞いてもらちが明かないので、質問を変えます。

⑧気付いたことを書いてみよう（227ページ）
熟考表情、認知的負担もしくは感情抑制の表情です。回答内容は答えになっていません。

Fチェック（227ページ）
時間に関わる質問です。

⑨気付いたことを書いてみよう（228ページ）

表情、姿勢から回答を熟考していることがわかりますが、回答は曖昧です。

Gチェック（228ページ）

質問をする側全般に言えることですが、面接官にとって満足のいく回答が得られなくても回答者に悪い印象を与えてはいけません。またいつ質問をしたり、話を聞かせてもらう機会があるかわからないからです。

結論から言うと、この応募者が語った前職の経験はウソです。

全体的に観ると、ウソの徴候が表情・動作・声情報に随所に表れているのがわかります。特に多かったのが、状況にそぐわない認知的負担もしくは感情抑制表情と、こちらの質問に対する消極的な回答姿勢です。

発言の真偽を含め、応募者の発言をより詳細に知るには、質問テクニックと観察がとても役立つことが本問を通じて明らかとなったことでしょう。

おわりに

「安心して使える心理学本」が少ない。

本書を書かせて頂いた私の動機はここにあります。

世の中には「人・本音・ウソを見抜く」書籍が数多あります。私はそうした書籍を数十年にわたり読んできました。現在も新刊が出る度に可能な限り読ませていただいています。そこでずっと思っていることがあります。

「科学的には否定されている知識や使い古された知識が紹介されている本が多い」

ということです。

何がマズいのでしょうか。科学的に否定されている知識が書かれている本は、言うまでもなく、その知識に基づいて行動してしまったら、人を見誤る可能性が高くなってしまいます。

特にウソを見抜くという行為は、真実の話をウソと誤解してしまうことで人との関係性を崩壊させたり、冤罪を引き起こす危険性を孕んでいます。

使い古された知識が書かれている本は、その知識が本当に使えるからこそ紹介されているので、良い側面を持っていることは確かです。手垢のついた知識でも使えるものは残されるべきです。

しかし、最新の専門書や論文には、これまでの方法論よりもさらに良い方法論が書かれているケースが多々あります。そうであるのに、なぜか心理学系の一般向けの書籍の中身は、非効率な方法論が残り続け、効率的な方法論・最新の知見が紹介されているケースが少ないのです。


「そうした本がないなら、私が書きたい」


このように思い立ち、本書を執筆させて頂きました。

本書で紹介している知見は、科学的に裏付けのあるものを厳選しています。

また、使い古された知識でも使える知識はそのまま残しつつ、非効率な知識や方法論は効率的な最新の方法に置き換えています。さらに紹介した知識を活用して頂けるように、エクササイズやビジネス・日常事例をできるだけ盛り込みました。

本書の内容を皆様のこれまで、そしてこれからの経験に照らし合わせながら、世界を見つめ、行動していただければと思います。本書が読者の皆様にとって人間理解の実用書となれば、筆者として本望です。


最後に感謝の意を記させて下さい。

株式会社空気を読むを科学する研究所に変わらぬご支援をして頂いている株式会社Indigo

Blue代表取締役会長の柴田励司さま、代表取締役社長の寺川尚人さま、そしてIndigo Blueの社員のみなさまに感謝いたします。また本書の表情モデルに協力して下さった株式会社Biz Actors Company所属の役者の皆様に感謝いたします。最後に本書の執筆を提案し、本書をより面白くするためのアイディアや斬新な視点を与えて下さり、また、伝わりやすいようにと文章や内容構成を編集して下さるなど、本書の完成に様々なご尽力を尽くして下さったフォレスト出版の寺崎翼さまに感謝の意を記したいと思います。

清水建二

２０１６年９月　外苑前のカフェにて

Vrij, A. (1995). Behavioral correlates of deception in a simulated police interview.
Journal of Psychology, 129, pp.15-28.
Vrij, A., Ennis, E., Farman, S., & Mann, S. (2010). People's perceptions of their truthful and deceptive interactions in daily life. Journal of Forensic Psychology, 2, 6-42.
Vrij, A., Hope, L., & Fisher, R. P. (2014). Eliciting reliable information in
investigative interviews. Policy Insights from Behavioral and Brain Sciences, 1, 129-136.
Vrij, A., Fisher, R., Mann, S., & Leal, S. (2008). A cognitive load approach to lie detection. Journal of Investigative Psychology and Offender Profiling, 5, 39–43.
Vrij, A., & Granhag, P. A. (2012). Eliciting cues to deception and truth: What matters are the questions asked. Journal of Applied Research in Memory & Cognition, 1, 110–117.
Vrij, A., Granhag, P.A., Mann, S. & Leal, S. (2011). Outsmarting the liars: Towards a cognitive lie detection approach. Current Directions in Psychological Science, 20, 28-32.
Vrij, A., Granhag, P. A., & Porter, S. (2010). Pitfalls and opportunities in nonverbal and verbal lie detection. Psychological Science in the Public Interest, 11, 89-121.
Vrij, A., Leal, S., Granhag, P. A., Mann, S., Fisher, R. P., Hillman, J., & Sperry, K. (2009). Outsmarting the liars: The benefit of asking unanticipated questions. Law and Human Behavior, 33, 159-166.
Tomkins, S. S. (1962). Affect, imagery, and consciousness (Vol. 1: The positive affects). New York: Springer.
Tomkins, S. S. (1963). Affect, imagery, and consciousness (Vol. 2: The negative affects). New York: Springer.
Tomkins, S. S., & McCarter, R. (1964). What and where are the primary affects? Some evidence for a theory. Perceptual and Motor Skills, 18(1), 119-158.
Trangney, J. P. (1995). Shame and guilt in interpersonal relationships. In J. P. Tangney, & K. W. Fisher (Eds.), Self-conscious emotions : The psychology of shame, guilt, embarrassment, and pride. New York : Guilford Press. Pp. 114-139.
Tracy, J. L., Robins, R.W., & Lagattuta, K. H. (2005). Can children recognize the pride expression? Emotion, 5, 251–257.
Tracy, J. L., & Matsumoto, D. (2008). The spontaneous expression of pride and shame: Evidence for biologically innate nonverbal displays. Proceedings of the National Academy of Sciences, 105(33), 11655-11660.
V. Bettadapura, "Face Expression Recognition and Analysis: The State of the Art", Tech Report, arXiv:1203.6722, April 2012.
Wallbott, H. G. (1998). Bodily expression of emotion. European Journal of Social Psychology, 28, pp.879–896.
Wen-Jing Yan, Qi Wu, Yong-Jin Liu, Sujing Wang, and Xiaolan Fu. CASME database: A dataset of spontaneous micro-expressions collected from neutralized faces. FG, page 1-7. IEEE, (2013)
Yan WJ, Li X, Wang SJ, Zhao G, Liu YJ, Chen YH, Fu X. (2014). CASME II: an improved spontaneous micro-expression database and the baseline evaluation. PLoS One. 2014 Jan 27;9(1):e86041. doi: 10.1371/journal.pone.0086041. eCollection 2014.

study space analysis of the past 25 years. Psychology, Public Policy, & Law, 16, 340–372.
Michael Lewis(ed), Jeannette M. Haviland-Jones(ed), Lisa Feldman Barrett(ed). (2010) Handbook of Emotions, Guilford Pr; 3 Reprint
Michelle N, Shiota, Belinda Campos, & Dacher Keltner. (2003). The Faces of Positive Emotion Prototype Displays of Awe, Amusement, and Pride. Ann. N.Y. Acad. Sci. 1000: 296–299.
Miller, R. S. (2001). Shyness and embarrassment compared : Siblings in the service of social evaluation. In W. R. Crozier, & L. E. Alden (Eds.), International handbook of social anxiety : Concepts, research and interventions relating to the self and shyness. New York : John Wiley & Sons. Pp. 281-300.
Mosher, D. L. (1979). The meaning and measurement of guilt. In C. E. Izard (Ed.), Emotions in personality and psychopathology. New York : Plenum Press. Pp. 105-129.
Oster, H. (2005). The repertoire of infant facial expressions: An ontogenetic perspective. In J. Nadel & D. Muir (Eds.), Emotional development (pp. 261-292). New York: Oxford University Press.
P. A. Granhag, A. Vrij & B. Vershuere (Eds.) Detecting deception:Current challenges and cognitive approaches. Chichester, UK: John Wiley & Sons.
Paer Anders Granhag & Leif A. Stroemwall (Eds.), (2004). The Detection of Deception in Forensic Contexts. Cambridge University Press; New.
Patrick, C. J., Craig, K. D., & Prkachin, K. M. (1986). Observer judgements of acute pain: Facial action determinants. Journal of Personality and Social Psychology, 50, pp. 1291-1298.
Porter, S., & ten Brinke, L. (2008). Reading between the lies: Identifying concealed and falsified emotions in universal facial expressions. Psychological Science, 19(5), 508-514.
Rosenstein, D. & Oster, H. (1988). Differential Facial Responses to Four Basic Tastes in Newborns. Child Development Vol. 59, No. 6, pp. 1555-1568.
Sarra, S. & E. Otta. (2001). Different types of smiles and laughter in preschool
children. Psychol. Rep. 89: 547–558.
Schafer, John R. and Joe Navarro. (2010). Advanced Interviewing Techniques: Proven Strategies for Law Enforcement, Military, and Security Personnel: Springfield, IL, USA: Charles C. Thomas.
Shichuan Du, Yong Tao, & Aleix M. Martinez. (2014). PNAS Plus: Compound facial expressions of emotion PNAS 2014 111 (15) E1454-E1462; published ahead of print March 31, 2014,
Shiota, M.N. et al. (2003). Positive emotion and the regulation of interpersonal relationships. In The Regulation of Emotion. P. Philippot & R.S. Feldman, Eds. Lawrence Erlbaum. Mahwah, NJ. In press.
Shaver, P., Schwartz, J., Kirson, D., & O'Connor, C. (2001). Emotional Knowledge: Further Exploration of a Prototype Approach. In G. Parrott (Eds.), Emotions in Social Psychology: Essential Readings (pp. 26-56). Philadelphia, PA: Psychology Press.
Steiner, J. E. (1973). The gustofacial response: observation on normal and anencephalic newborn infants. In J. F. Bosma (Ed.), Fourth symposium on oral sensation and perception, pp. 254-278.
Sutton, S.K, Levenson, R.W., Lee, K.J., Ketelaar, T.J., King, A., & Lee, J. (1994, October) The physiology, behavior, and subjective experience of acoustic startle. Presented at the Society for Psychophysiological Research, Atlanta, GA.
Tangney, J. P., Miller, R., Flicker, L., & Barlow, D. H. (1996). Are shame, guilt, and embarrassment distinct emotions? Journal of Personality and Social Psychology, 70, 1256-1269.
Ten Brinke, L. & Porter, S. (2012). Cry me a river: Identifying the behavioural consequences of extremely high-stakes interpersonal deception. Law and Human Behavior, 36, 469-477.
Tom Williamson (Eds.), (2005). Investigative Interviewing Rights, research, regulation. Willian.
Vernham, Zarah, Vrij, Aldert, Mann, Samantha, Leal, Sharon and Hillman, Jackie (2014) Collective interviewing:eliciting cues to deceit using a turn-taking approach. Psychology, Public Policy, and Law, 20 (3). pp. 309-324.

Hess, U. & Kleck, R. E. (1990). Differentiating emotion elicited and deliberate
emotional facial expressions. European Journal of Social Psychology, 24, 367-381.
Hess, U., Adams, R. B., Simard, A., Stevenson, M. T., & Kleck, R. E. (2012). Smiling and sad wrinkles: Age-related changes in the face and the perception of emotions and intentions. Journal of Experimental Social Psychology, 48, pp. 1377-1380.
Inbau, F. E., Reid, J. E., Buckley, J. P., & Jayne, B. C. (2013). Criminal interrogation and confessions, 5th edition. Burlington, MA: Jones & Bartlett Learning.
Izard, C. E. (1971). The face of emotion. East Norwalk, CT: Appleton-Century-Crofts.
Izard, CE. (1977). Human Emotions. New York: Plenum
Johnson, H. G., Ekman, P., & Friesen, W. V. (1976). Communicative Body Movements: American Emblems. Semiotica, 15 (4): pp. 335-353.
Kashy, D.A., & DePaulo, B.M. (1996). Who Lies? Journal of Pesonality and Social Psychology, 70, 1037-1051.
Keltner D. (1995). The signs of appeasement: Evidence for the distinct displays of embarrassment, amusement, and shame. Journal of Personality and Social Psychology, 68, 441-454.
Keltner, D. (1996). Evidence for the Distinctness of Embarrassment, Shame, and Guilt: A Study of Recalled Antecedents and Facial Expressions of Emotion. Cognition and Emotion, 10(2), 155-172.
Keltner, D., & Haidt, J. (2001). Social functions of emotions at four levels of analysis. In W. G. Parrott (Ed.), Emotions in social psychology. Philadelphia : Psychology Press. Pp. 175-184.
Keltner D, Moffitt TE, Stouthamer-Loeber M. (1995). Facial expressions of emotion and psychopathology in adolescent boys. Journal of Abnormal Psychology, 104, 644-652.
Kendon, A. (1995). Gestures as illocutionary and discourse structure markers in Southern Italian conversation. Journal of Pragmatics, 23, pp. 247-279.
Kinsbourne, M. (2006). Gestures as embodied cognition: A neurodevelopmental interpretation. Gesture, 6(2), pp.205-214.
Leal, S., Vrij, A., Mann, S., and Fisher, R.P. 2010. Detecting true and false opinions: The Devil's Advocate approach as a lie detection aid. Acta Psychological, 134: 323-329.
Lee, K.J. & Levenson, R.W. (1992, October) Ethnic differences in emotional reactivity to an unanticipated startle. Presented at the Society for Psychophysiological Research, San Diego, CA.
Mann, S., Vrij, A., & Bull, R. (2002). Suspects, lies and videotape: An analysis of authentic high-stakes liars. Law and Human Behavior, 26, 365-375.
Mann, S., & Vrij, A., (2006). Police officers' judgements of veracity, tenseness, cognitive load and attempted behavioural control in real life police interviews. Psychology, Crime, & Law, 12 307-319.
M. Lhommet and S. Marsella. (2014.). Expressing emotion through posture and gesture. R. Calvo, S. D'Mello, J. Gratch, A. Kappas (Eds.), Handbook of Affective Computing. Oxford University Press.
Matsumoto, D., & Hwang, H. S. (2012). Cultural similarities and differences in emblematic gestures. Journal of Nonverbal Behavior, 37(1), pp. 1-27
Matsumoto, D., & Lee, M. (1993). Consciousness, volition, and the neuropsychology of facial expressions of emotion. Consciousness & Cognition: an International Journal, 2(3), 237-254.
Matsumoto, D., Mark G., F., & Hyi S, H. (Eds). (2013). Nonverbal Communication : Science and Applications.
Matsumoto, D., & Willingham, B. (2009). Spontaneous facial expressions of emotion of congenitally and non-congenitally blind individuals. Journal of Personality and Social Psychology, 96(1), 1-10.
Meissner, C. A., Redlich, A. D., Bhatt, S., & Brandon, S. (2011). Interview and interrogation methods and their effects on true and false confessions. Campbell Systematic Reviews.
Memon, A., Meissner, C. A., & Fraser, J. (2010). The cognitive interview: A metaanalytic review and

6(4), 238-252.
Ekman, P., Friesen, W. V., & Ellsworth, P. (1972). Emotion in the human face: Guide lines for research and an integration of findings. New York: Pergamon Press.
Ekman, P., Friesen, W.V., & Hager, J.C. (2002). Facial Action Coding System：Investigator's Guide. Consulting Psychologists Press, Palo Alto, CA.
Ekman, P., Friesen, W. V., O'Sullivan, M., & Scherer, K. (1980). Relative Importance of Face, Body, and Speech in Judgments of Personality and Affect. Journal of Personality and Social Psychology, 38(2), pp.270-277.
Ekman, P., Friesen, W. V., & Simons, R. C. (1985). Is the Startle Reaction an Emotion? Journal of Personality and Social Psychology, 49(5), pp. 1416-1426.
Ekman, P., Hager, J.C., & Friesen, W.V. (1981). The symmetry of emotional and deliberate facial actions. Psychophysiology, 18(2), 101-106.
Ekman, P., Roper, G., & Hager, J. C. (1980). Deliberate facial movement. Child Development, 51, pp.886-891.
Ekman, P., Sorenson, E. R., & Friesen, W. V. (1969). Pancultural elements in facial displays of emotion. Science, 164(3875), 86-88.
Elfenbein, H. A., Foo, M. D., White, J. B., Tan, H. H., & Aik, V. C. (2007). Reading your counterpart: The benefit of emotion accuracy for effectiveness in negotiation. Journal of Nonverbal Behavior, 31, 205-223.
Feinberg M, Willer R, & Keltner D (2011). Flustered and faithful: Embarrassment as a signal of prosociality. Journal of Personality and Social Psychology
Fisher, R. P. (2010). Interviewing cooperative witnesses. Legal and Criminological
Psychology, 15, 25–38.
Fisher, R., Milne, R., & Bull, R. (2011). Interviewing cooperative witnesses. Current
Directions in Psychological Science, 20, 16–19.
Frank, M. G., Ekman, P. (1993). Not all smiles are created equal: the differences between enjoyment and nonenjoyment smiles. Humor International Journal of Humor Research (Impact Factor: 0.86). 6(1):9-26.
Friesen, W. V. (1972). Cultural differences in facial expressions in a social situation: An experimental test of the concept of display rules. University of California, San Francisco.（本論文は博士論文で出版されていない。）
Frijda, N. H. (1986). The emotions. New York: Cambridge University Press.
Ganchow, J. R., Steiner, J. E., & Daher, M. (1983). Neonatal facial expressions in response to different qualities and intensities of gustatory stimuli. Infant Behavior and Development, 6, pp. 473-484.
Gilbert, J. A. E., & Fisher, R. P. (2006). The effects of varied retrieval cues on reminiscence in eyewitness memory. Applied Cognitive Psychology, 20, 723–739.
Gosselin, P., Kirouac, G., & Doré, F. Y. (1995). Components and recognition of
facial expression in the communication of emotion by actors. Journal of Personality and 15 Social Psychology, 68, 83-96.
Hager, J.C. and Ekman, P. (1985) The asymmetry of facial actions is inconsistent with models of hemispheric specialization. Psychophysiology 22: 307-318
Haggard, E. A., & Isaacs, K. S. (1966). Micro-momentary facial expressions as indicators of ego mechanisms in psychotherapy. In L. A. Gottschalk & A. H. Auerbach (Eds.), Methods of Research in Psychotherapy (pp. 154-165). New York: Appleton-Century-Crofts.
Hartwig, M., Granhag, P. A., & Stromwall, L. (2007). Guilty and innocent suspects'
strategies during interrogations. Psychology, Crime, & Law, 13, 213–227.

『「顔」と「しぐさ」で相手を見抜く』

購入者限定
無料プレゼント

FREE

ここでしか手に入らない貴重な動画です。

著者直伝！
表情やしぐさから
相手を瞬時に見抜く
レッスン動画
をプレゼント！

この映像（動画ファイル）は
本書をご購入いただいた読者限定の特典です。

※動画ファイルはホームページ上で公開するものであり、CD・DVDなどをお送りするものではありません。
※上記特別プレゼントのご提供は予告なく終了となる場合がございます。あらかじめご了承ください。

動画ファイルを入手するにはこちらへ
アクセスしてください

http://frstp.jp/minuku

DePaulo, B.M., Lindsay, J. J., Malone, B. E., Muhlenbruck, L., Charlton, K., & Cooper, H. (2003). Cues to deception. Psychological Bulletin, 129, 74-118.
Doherty-Sneddon, G., & Phelps, F. G. (2005). Gaze aversion: A response to cognitive
or social difficulty? Memory and Cognition, 33, 727–733.
Duchenne, B. (1990). The mechanism of human facial expression or an electro-physiological analysis of the emotions (A. Cuthbertson, Trans.) New York: Cambridge University Press.（オリジナルは1862年に出版）
Efron, D. (1968). Gesture and Environment. King's Crown, New York.
Eibl-Eibesfeldt, I. (1970). Ethology, the biology of behavior. Hold, Rinehart and Winston, New York.
Eisenberg, Nancy; Fabes, Richard A.; Miller, Paul A.; Fultz, Jim; Shell, Rita; Mathy, Robin M.; Reno, Ray R. (1989). Relation of sympathy and personal distress to prosocial behavior: A multimethod study. Journal of Personality and Social Psychology, 57, 55-66.
Ekman, P. (1972). Universals and Cultural Differences in Facial Expressions of Emotions. In Cole, J. (Ed.), Nebraska Symposium on Motivation (pp. 207-282). Lincoln, NB: University of Nebraska Press.
Ekman P. (1977). Biological and Cultural Contributions to Body and Facial Movement. In Blacking, J. (Ed.), The Anthropology of the Body (pp. 34-84). London: Academic Press.
Ekman, P. (1979). About brows: Emotional and conversational signals. In M. von Cranach, K. Foppa, W. Lepenies, & D. Ploog (Eds.), Human Ethology. Cambridge: Cambridge University Press, pp. 169-248.
Ekman, P. (1980). Asymmetry in facial expression. Science, 209, 833-834.
Ekman, P. (1990). Duchenne and facial expression of emotion. In Cuthbertson, R. A. (Ed. and Transl.), The Mechanism of Human Facial Expression (pp. 270-284). Cambridge: Cambridge University Press.
Ekman, P., (2003). Darwin, Deception, and Facial Expression. In Ekman, P., Campos, J. J., Davidson, R. J., & de Waal, F. B. M. (Eds.), Emotions inside out: 130 years after Darwin's: The expression of the emotions in man and animals (pp. 205-221). New York, NY: New York Academy of Sciences.
Ekman, P. (2004) Emotional and conversational nonverbal signals. In: Larrazabal, M., Miranda, L. (Eds.), Language, knowledge, and representation, Kluwer Academic Publishers, Netherlands. pp. 39-50.
Ekman, P. (2007). Emotions Revealed : recognizing faces and feelings to improve communication and emotional life, Holt Paperbacks; 2nd edition
Ekman, P. (Ed.). (1973). Darwin and facial expression; a century of research in review. New York: Academic Press.
Ekman. P., & Frank, M. G. (1993). Lies that fail. In M. Lewis & C. Saarni (Eds.), Lying and deception in everyday life (pp. 184-200). New York: Guilford Press.
Ekman, P. & Friesen, W. V. (1968). Nonverbal Behavior in Psychotherapy Research. In Shlien, J. (Ed.), Research in Psychotherapy, (3) pp.179-216). Washington, D.C.: American Psychological Association.
Ekman, P. & Friesen, W. V. (1969). The repertoire or nonverbal behavior: categories, origins, usage, and coding. Semiotica, 1, pp. 49-98.
Ekman, P., & Friesen, W. V. (1971). Constants across culture in the face and emotion. Journal of Personality and Social Psychology, 17, 124-129.
Ekman, P. & Friesen, W. V. (1972). Hand Movements. Journal of Communication, 22 (4): pp. 353-374.
Ekman, P., & Friesen, W. V. (1974). Nonverbal behavior and psychopathology. In R. J. Friedman & M. Katz (Eds.), The psychology of depression: Contemporary theory and research (pp. 3-31). Washington, D. C.: Winston and Sons.
Ekman, P., Friesen, W. V. (1978). Facial action coding system: a technique for the measurement of facial movement. Consulting Psychologists Press, Palo Alto, California.
Ekman, P., & Friesen, W.V. (1982). Felt, false, and miserable smiles. Journal of Nonverbal Behavior,

参考文献

【日本語文献】

『暴かれる嘘―虚偽を見破る対人学』ポール・エクマン（著）工藤力（訳）(1992) 誠信書房
『嘘と欺瞞の心理学　対人関係から犯罪捜査まで虚偽検出に関する真実』アルダート ヴレイ (著) 太幡 直也、佐藤 拓、菊地 史倫 (訳)(2016) 福村出版
『顔は口ほどに嘘をつく』ポール・エクマン（著）管靖彦（訳）(2006) 河出書房新社
『感情心理学』鈴木直人（編）(2007) 朝倉書店
『研究用日本人表情刺激の作成とその臨床的適用』木村あやの (著)(2013) 風間書房
『ジェスチュアーしぐさの西洋文化』デズモンド・モリス（著）多田道太郎 / 奥野卓司（訳）(1992) 角川書店
『しぐさと表情の心理分析』工藤力（著）(1999) 福村出版
『日米ボディートーク　身振り・表情・しぐさ辞典』ローラ・フォード（著）東山安子（訳）(2003) 三省堂
『日本人の感情世界―ミステリアスな文化の謎を解く』工藤力 / ディビット・マツモト（著）(1996) 誠信書房
『認知面接―目撃者の記憶想起を促す心理学テクニック』ロナルド・フィッシャー / エドワード・ガイゼルマン（著）宮田 洋、高村 茂、横田 賀英子、横井 幸久、渡邉 和美 (訳)(2012) 関西学院大学出版会
『人はなぜ恥ずかしがるのか』菅原健介（著）(1998) サイエンス社
『表情分析入門』ポール・エクマン / ウォラス・フリーセン（著）工藤力（訳編）(1987) 誠信書房
『微表情を見抜く技術』清水建二（著）(2016) 飛鳥新社
『ボディートーク　世界の身ぶり辞典』デズモンド・モリス（著）東山安子（訳）(1999) 三省堂
『ボディ・ランゲージ解読法』D・アーチャー（著）工藤力（訳）(1988) 誠信書房

【英語文献】

App, Betsy; McIntosh, Daniel N.; Reed, Catherine L.; Hertenstein, Matthew J. (2011) Nonverbal channel use in communication of emotion: How may depend on why. Emotion, 11(3), pp.603-617.
Archer, D. (1980). How to Expand your S. I. Q. (Social Intelligence Quotient). M. Evans & Co.
Bouissac, P. (2006). Gesture in evolutionary perspective. Gesture, 6(2), pp189-204.
Bond, C. F. Jr. & DePaulo, B. M.（2006）Accuracy of deception judgments. Personality and Social Psychology Review, 10 , 214-234.
Bull, R. (2010). The investigative interviewing of children and other vulnerable
witnesses: Psychological research and working/professional practice. Legal and Criminological Psychology, 15, 5–24.
Castelfranchi, C., & Poggi, I. (1990). Blushing as discourse : Was Darwin wrong ? In W. R. Crozier (Ed.), Shyness and embarrassment : Perspective from social psychology. Cambridge : Cambridge University Press. Pp. 230-251.
Chartrand, T.L. & van Baaren, R. (2009). Human Mimicry. Advances in Experimental
Social Psychology, 41, 219-274.
Darwin, C. (1998). The expression of the emotions in man and animals. New York: Oxford University Press.（オリジナルは 1872 年に出版）
DePaulo, B.M., Kashy, D.A., Kirkendol, S.E., Wyer, M.M. & Epstein, J.A. (1996). Lying in everyday life. Journal of Personality and Social Psychology, 70, 979-995.
DePaulo, B.M., & Bell, K.L. (1996). Truth and investment: Lies are told to those who care. Journal of Personality and Social Psychology, 71, 703-716.

清水建二（しみず・けんじ）

株式会社空気を読むを科学する研究所代表取締役。1982年東京生まれ。早稲田大学政治経済学部卒業後、東京大学大学院でコミュニケーションを学ぶ。

学際情報学修士。日本国内にいる数少ない認定FACS（Facial Action Coding System：顔面動作符号化システム）コーダーの一人。20歳のときに巻き込まれた狂言誘拐事件をきっかけにウソや人の心の中に関心を持つ。

現在、公官庁や企業で研修・コンサルティングを行う一方で、ニュースやバラエティ番組で政治家や芸能人の心理分析をしたり、ドラマ（「科捜研の女シーズン16」）の微表情監修など、メディアでの実績も多数。

著書『0.2秒のホンネ 微表情を見抜く技術』（飛鳥新社）。

「顔」と「しぐさ」で
相手を見抜く

2016年11月13日　初版発行

著　者……………清水建二
発行者……………太田　宏
発行所……………フォレスト出版株式会社
〒162-0824 東京都新宿区揚場町2-18　白宝ビル5F
電話　03-5229-5750（営業）
03-5229-5757（編集）
URL　http://www.forestpub.co.jp

印刷・製本……日経印刷株式会社

ISBN978-4-89451-735-6　Printed in Japan

フォレスト出版の好評既刊

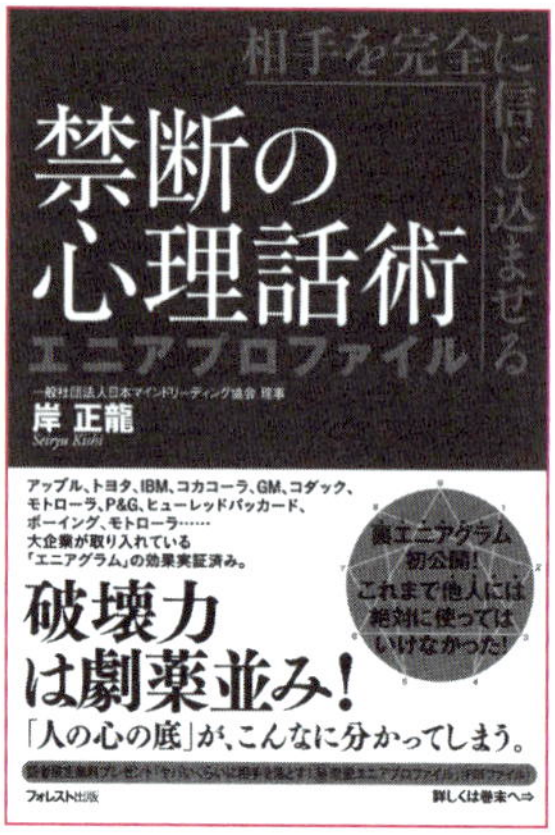

相手を完全に信じ込ませる
禁断の心理話術
エニアプロファイル

著者◆岸正龍
定価◆本体 1400円＋税

読まずに死ねない
哲学名著50冊

著者◆平原卓
定価◆本体 1200円＋税

フォレスト出版の好評既刊

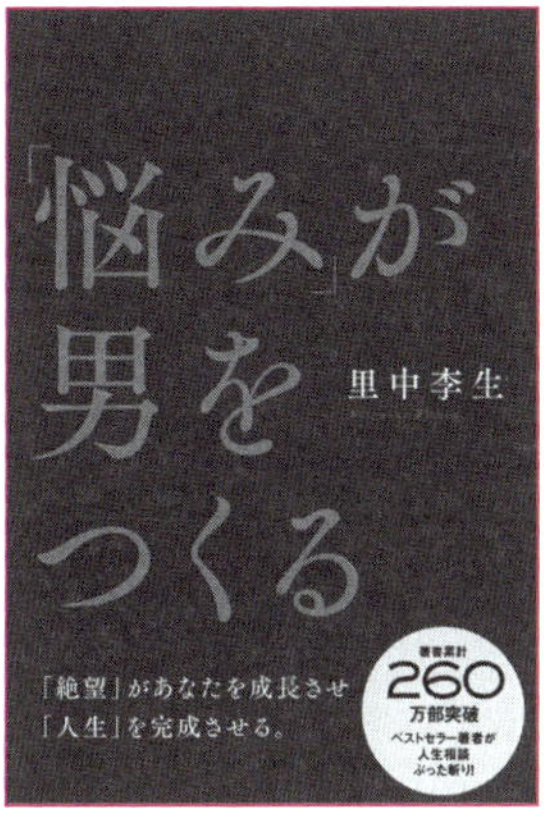

「悩み」が男をつくる

著者◆里中李生
定価◆本体 1200円＋税

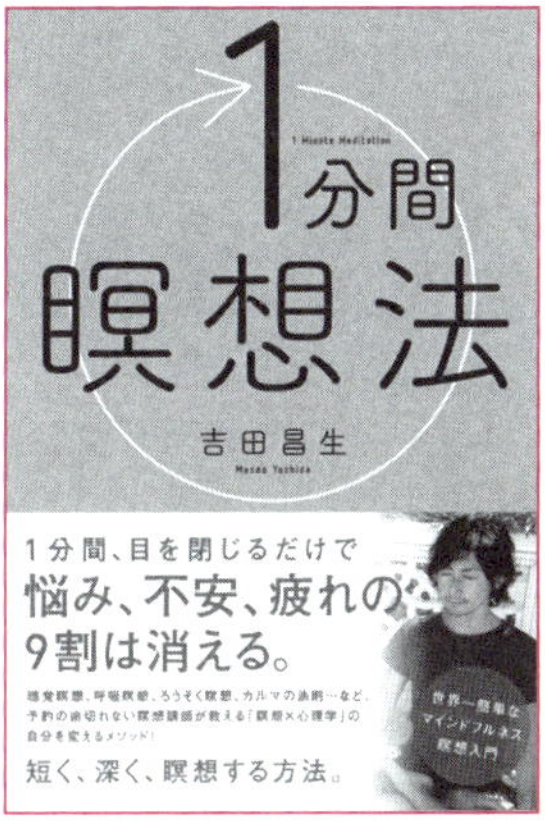

1分間瞑想法

著者◆吉田昌生
定価◆本体 1400円＋税

『「顔」と「しぐさ」で相手を見抜く』

購入者限定
無料プレゼント

FREE

ここでしか手に入らない貴重な動画です。

著者直伝！
表情やしぐさから
相手を瞬時に見抜く
レッスン動画
をプレゼント！

この映像（動画ファイル）は
本書をご購入いただいた読者限定の特典です。

※動画ファイルはホームページ上で公開するものであり、CD・DVDなどをお送りするものではありません。
※上記特別プレゼントのご提供は予告なく終了となる場合がございます。あらかじめご了承ください。

動画ファイルを入手するにはこちらへ
アクセスしてください

http://frstp.jp/minuku